JN241140

地方自治体の監査と内部統制

2020年改正制度の意義と米英との比較

清水涼子 著

同文舘出版

はじめに

2017（平成 29）年の地方自治法改正により、地方公共団体にも内部統制の概念が導入されるとともに、監査委員監査において監査基準が設定されることとなった。長い間議論され続けてきた地方公共団体のガバナンスに係る課題について一定程度制度化されたことについては、積極的な評価に値するものと考える。続いて開催された地方公共団体の内部統制・監査に関する研究会では、具体的な内部統制導入に係るガイドラインや監査基準（案）の策定に向けて議論がなされ、2019（平成 31）年 3 月末をもってその成果物のとりまとめが行われた。新しい制度は、2020（令和 2）年 4 月から適用となる[注]。

本書は、その改正の内容を、改正の議論に携わった経験を踏まえ、筆者の理解に沿って紹介するものであるが、改正後の条文の逐条解説を行うことを目的としていない。むしろパブリック・セクターにおける国際的なガバナンス強化の流れの中で今回の改正を捉え、その意義、今後の課題について探ろうとするものである。第 2 章、第 3 章では、この度の改正の意義及び今後の方向性を考えるうえで参考となる海外事例を、これまでの研究成果をもとに紹介する。

今回改正された項目は、将来にわたってさらに改正が重ねられていくことが想定される。内部統制のガイドライン等は、改正法の施行後 2 年を経

注）監査専門委員制度の創設、議選監査委員の選任の義務付けの緩和等、いくつかの改正点については、2018（平成 30）年 4 月 1 日施行となっている。

過した日を目処に見直しが予定されているうえ、監査基準(案)や監査実施要領についても一層充実させていくことが必要と考えられるからである。

　本書が、今般の制度改正に関わる地方公共団体の職員の方々の理解の一助となるとともに、幅広い公的部門の関係者や研究者が今後のガバナンス改革の方向性を検討するうえで参考になれば幸いである。

2019 年 9 月

清水　涼子

目次

第2章
アメリカの公的部門における内部統制及び監査制度

第3章 イギリス地方公共団体の監査及びガバナンス制度

地方自治体の監査と内部統制

―2020年改正制度の意義と米英との比較―

第1章

わが国の
地方公共団体における
監査基準
及び内部統制導入の意義

　2017（平成 29）年 6 月に、「地方自治法等の一部を改正する法律」が、平成 29 年法律第 54 号として公布された。改正法は、2016（平成 28）年 3 月に公表された「人口減少社会に的確に対応する地方行政体制及びガバナンスのあり方に関する答申」と題する第 31 次地方制度調査会（以下、地制調）の答申を受けて立案されたものである。後者の「ガバナンスのあり方」については、長、監査委員、議会及び住民が適切に役割分担し、全体としてバランスの取れた実効的なガバナンスを構築すべきとする提言であった。その柱は、地方公共団体の内部統制と監査基準の導入からなる。第 1 章は、地方自治法制定以降のガバナンス関連の改正を振り返るとともに、新しい内部統制及び監査制度についてわかりやすく解説している。

背　景

（1）地方自治法制定まで

　地方公共団体の監査制度は、1888（明治21）年及び1890（明治23）年に制定された市制・町村制及び府県制の下で、府県参事会が選出した委員や市町村会により選出された議員による、出納検査権等が認められたことに始まる。現在の議選委員の前身ともいえるこれらの役職による監査制度は、第二次世界大戦中は廃止され、代わって8大都市で長の監督下に考査役という内部検査組織が設置された。

（2）地方自治法の成立

　戦後は議会による監査権限を復活させるとともに、考査役をより独立的な行政委員組織とした。これが監査委員制度である。行政委員あるいは行政委員会は、執行機関が一の機関に集中して行政の公正さが損なわれることを防ぐため、執行機関の多元主義をとるための仕組みとされている。

　1947（昭和22）年に制定された地方自治法においては、監査委員の職務権限として「普通地方公共団体の経営に係る事業の管理及び普通地方公共団体の出納その他事務の執行を監査する」（第199条）と規定された。

（3）地方自治法の改正

　その後の地方自治法改正による監査委員制度の創設と変遷は、図表1-1に示したとおりである。

　図表1-1で示したように、1952（昭和27）年8月の地方自治法の一部改正は、後述する文脈において特筆すべき改正であった。1952（昭和27）年

図表1-1　これまでの監査改革

	監査制度					
	監査委員					
	定数・専任等					
	都道府県	市	町村	識見・議選の割合	OB 制限	常勤・非常勤
昭和22年（地方自治法制定）	4人（必置）	2人（条例で任意）	2人（条例で任意）	各同数		
昭和23年		条例で4人に可能				
昭和25年						
昭和27年		人口10万人以上及び地方し公営企業を有する市に限り条例で4人に可能				識見委員は常勤とすることができる
昭和31年						
昭和38年	3人又は2人（必置）※ただし、人口25万以上の市は4人（必置）	2人又は1人（必置）	● 都道府県及び人口25万人以上の市は議選2人又は1人● その他の市町村は議選1人	識見委員が2人以上の場合、そのうち1人以上はOB（退職後5年間）でない者	都道府県及び人口25万人以上の市は識見委員のうち1人以上は常勤
昭和61年						
平成3年						
平成9年		2人（必置）		識見委員が2人以上の場合は、そのうちOBは1人以下	
平成11年						
平成14年						
平成18年		2人（必置）※人口25万人以上の市は4人（必置）				
	条例で識見委員の数を増加可能（事務局の共同設置が可能）					
平成23年						

出所：第31次地制調第22回専門小委員会参考資料1「監査関連資料」9頁をもとに作成。

		職務権限等	外部監査	住民監査請求・住民訴訟
		● 経営に係る事業の管理、出納その他の事務の執行の監査（定期監査、直接請求監査、所轄行政庁・議会の要求による監査、随時監査、出納の月例検査、出納の臨時検査） ● 決算の審査		● 創設（違法・不当な公金の支出等に対する監査請求及び訴訟）
		● 財政援助団体等（補助金等）の監査を追加 ● 出納職員の賠償責任の監査を追加		
		● 第2条14項・15項の趣旨に則っているかについて意を用いる ● 監査等の結果の報告に意見を添えて出すことが可能		
		● 長による要求監査を追加 ● 財政援助団体（出資団体）の監査を追加		● 拡充 住民監査請求： （対象となる行為の主体及び種類の明確化等） 住民訴訟： （訴訟提起の要件の明確化、訴訟類型の整理等）
		● 広く財務事務一般を監査		
		● 公有地信託の受益者の監査を追加		
		● 行政監査の追加 ● 議会による機関委任事務の要求監査を追加 ● 公の施設の管理受託者の監査を追加		
		● 機関委任事務の廃止に伴う監査範囲の拡大 ● 主務大臣等による要求監査の廃止	● 創設（一定の資格を有する外部の専門家による監査を追加）	● 拡充 住民訴訟： （長個人を被告とする代位訴訟から執行機関を被告とする義務付け訴訟へ）

は、講和条約が結ばれた翌年に当たるが、すでに行政の簡素化及び能率化が議論され、それを基本方針にした改正がなされたのである。それにより、監査委員制度においても以下の項目が追加となった。

- 監査に当たっては、当該普通地方公共団体が最少の経費で最大の成果を上げているか、組織及び運営の合理化に努めているかといった点について特に意を用いるべきであるとされた（自第 199 条第 3 項）。
- 監査委員は、監査の結果に基づいて必要と認めるときは、組織及び運営の合理化に資すため監査報告に添えて意見を提出することができるとされた（自第 199 条第 10 項）。

この追加された一点目により、監査には、合規性や正確性に加え、能率性や合理性、すなわち、3E（経済性、効率性及び有効性）の観点を含むことが明らかにされた。

また、1991（平成 3）年 4 月の地方自治法改正では、以下のような重要な規定が新設された。

- 議選委員以外の監査委員の選任資格は、人格が高潔で地方公共団体の財務管理、事業の経営管理、行政運営に関し優れた識見を有する者とした（自第 196 条第 1 項）。
- 監査委員は、その職務の遂行において常に公正不偏の態度を保持すべきこと、職務上知り得た秘密を漏らしてはならないこと、その罷免については、長は監査委員が心身の故障のため職務の遂行に堪えないとき、職務上の義務違反、監査委員に適しない非行があると認めるときといった限定的な場合に限られ、その場合は議会の同意を得て罷免できるとした（自第 197 条の 2、第 198 条の 3）。
- 監査委員は、行政監査もできることとされた（自第 199 条第 2 項）。

さらに、第 25 次地方制度調査会答申に基づいた 1997（平成 9）年の地方自治法改正では、外部監査制度が導入された。

（4）近時の議論

　第 28 次地制調答申を受けた 2006（平成 18）年の地方自治法改正により、条例で監査委員の定数を増加できる（自第 195 条関連）こととされた。

　第 29 次地制調では、「監査機能の充実・強化」が主要課題の 1 つであった（この答申による改正は図表 1-16）。

　一方、地方分権改革推進委員会の「第 4 次勧告」（2009〈平成 21〉年 11 月、以下同じ）において、「監査委員の機能の充実、外部監査機能の積極的な活用を図ることが肝要である」とされた（同勧告Ⅱ「5 財政規律の確保」）。さらに、2010（平成 22）年 6 月に閣議決定された「地域主権戦略大綱」においては、現行の監査委員制度・外部監査制度について、廃止を含め、抜本的に再構築することとされ、検討事項を挙げている（同大綱第 8「3 監査制度」）。

　なお、総務省自治行政局に設けられた地方公共団体の監査制度に関する研究会では、2013（平成 25）年 3 月、「地方公共団体の監査制度に関する研究会報告書」をとりまとめている。この報告書は、現行の制度や運用の課題を検証し、その改革の方策を考えることを前提としたものであり、見直しに当たっての論点と方向性について検討したものである。

　一方、内部統制についても研究会が 2 度にわたり開催され、それぞれ報告書が公表されている[1]。

　これらの議論が積み重ねられてきた後に、第 31 次地制調において、「地方公共団体のガバナンスの一層の強化」が議論されることとなったのである。

1）　「内部統制による地方公共団体の組織マネジメント改革〜信頼される地方公共団体を目指して〜」（2009〈平成 21〉年 3 月）及び「地方公共団体における内部統制制度の導入に関する報告書」（2014〈平成 26〉年 4 月）。

（5）2017（平成29）年地方自治法改正

　「ガバナンス」とは、一般に、組織が利害関係者の期待に応え、組織目的を達成するに当たり、効率性、健全性及び透明性等を確保する仕組みのことを指す。株式会社においては、取締役の業務執行の監督機能を取締役会や監査役会等が十分果たしていないとの反省に基づき、業務執行と監督の分離等によりガバナンスの実効性を高めるための法律改正が度々行われてきた。

　ガバナンス改革は第二次安倍政権で進められている日本再興戦略においても提唱され、株式会社のみならず、大学、政府のIT投資、公的・準公的資金の運用といった局面でも推進されている。

　これを受けて、2015（平成27）年３月には、上場会社の行動規範となるコーポレートガバナンス・コードが策定された。これは、株主がその権利を適切に行使することができる環境を確保するため合理的で公正な企業統治を求めるもので、強制力はないものの、「コンプライ・オア・エクスプレイン」、すなわち何らかの事由でそれを実施しない場合は、投資家にその理由を説明することが求められる。このように、民間部門ではガバナンスの強化が一層図られることになった。

　一方、わが国の地方公共団体のガバナンスの仕組みは、これまでみてきたように、1947（昭和22）年の地方自治法制定後、徐々に強化されてきてはいるものの、基本的な枠組みは変わっておらず、一層の強化の必要性が認識されていた（図表1-2）。

　第31次地制調に対する諮問事項は、「個性を活かし自立した地方をつくる観点から、人口減少社会に的確に対応する三大都市圏及び地方圏の地方行政体制のあり方、議会制度や監査制度等の地方公共団体のガバナンスのあり方等について、調査審議を求める」[2]であった。これに対し、第31次

---

2)　安倍内閣総理大臣から諮問事項（2014〈平成26〉年５月15日）。

図表1-2 地方公共団体のガバナンスの基本構造

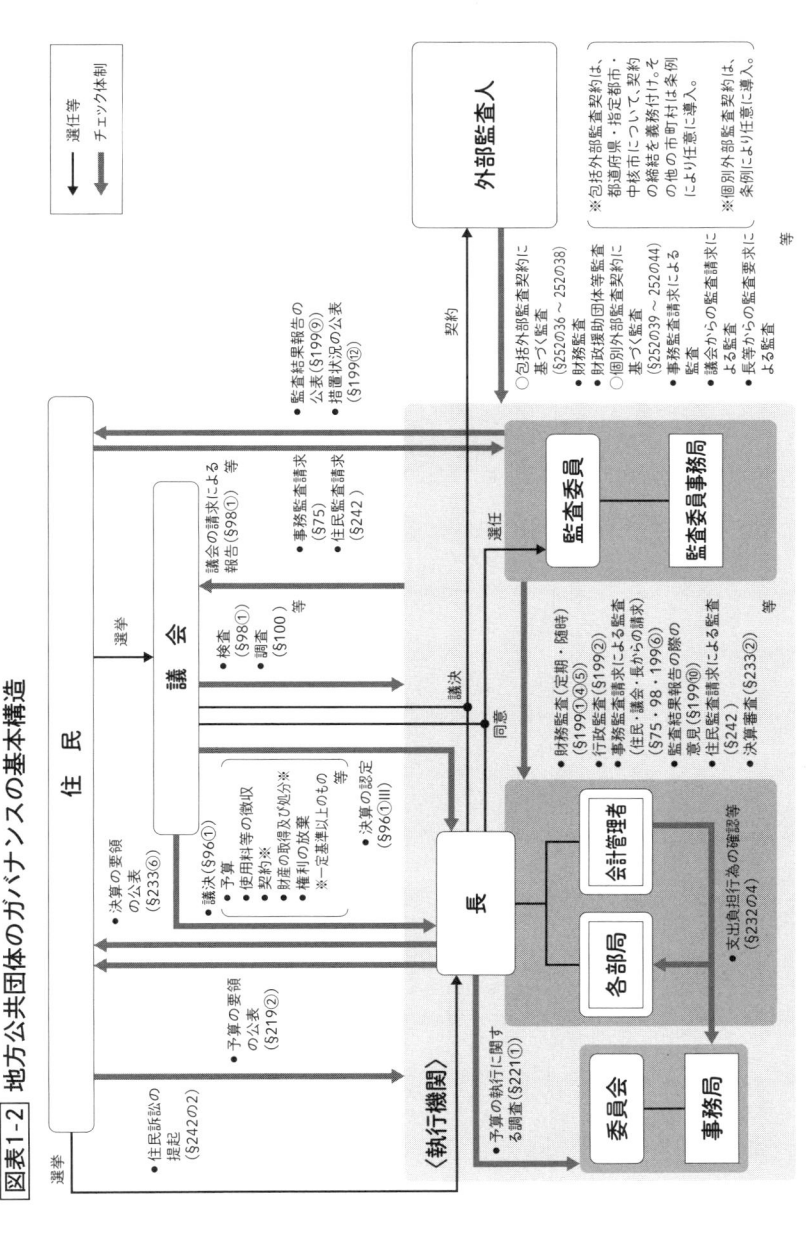

出所：第 31 次地制調第 22 回専門小委員会参考資料 1「監査関連資料」1 頁。

地制調は、合計 3 回の総会及び 28 回の専門小委員会を経て、2016（平成 28）年 3 月 16 日に答申を総理に提出した。答申では、諮問事項の前半「人口減少社会に対応する地方行政体制」については地方公共団体間の広域連携の一層の促進を提言するとともに、後半の「ガバナンスのあり方」については複数の点における画期的な改革案を提示した。

　以下、内部統制制度と監査制度に分けて、第 31 次地制調答申、2017（平成 29）年地方自治法改正、その後の地方公共団体の内部統制及び監査に関する研究会による公表物の順に、新しく導入された制度を紹介する。

Ⅱ

新しい内部統制制度

1 第31次地制調答申

　第31次地制調では、委員からは、一定規模の民間企業においては、会社法等による内部統制制度導入以降、内部統制体制の整備が定着しているのに対し、地方公共団体における内部統制の取組みは十分とはいえない状況にあるとの認識が示された。さらに、積極的な制度導入を支持する立場からは、人口減少社会におけるリソースが限られ、地方公共団体の事務処理が適切になされないおそれが高まる中で、内部統制はそのような懸念に対応するとともに、マネジメントの強化につながる効果があるとの主張がなされた。さらに、内部統制体制について不断の見直しを行う観点から、長はその運用状況を自ら評価し、その評価内容について監査委員の監査を受ける必要があるとの意見があった。

　これに対して、制度化により過大な期待が費用対効果を無視した過度な内部統制体制の整備につながらないようにすべきとする懸念が示され[3]、地方六団体の一部からも、新たな制度の導入に伴う事務の増加を懸念し、あくまで新制度は地方の自主性を尊重し、実情に合わせた対応ができるようにすべきとの意見も寄せられた。

　議論の結果、都道府県や指定都市等、大規模な地方公共団体において、まず標準となるモデルを確立していくことで合意をみた。

　以下は、答申に盛り込まれた内容である。

---

[3]　第31次地制調第21回専門小委員会（2013〈平成25〉年7月28日）。

（内部統制関連）

①地方公共団体の組織目的を阻害するリスクを特定し（財務事務は必須）、その評価とコントロールを行う内部統制を制度化する。

②地方公共団体の長は、内部統制の整備及び運用に責任を負うとともに、これに関する基本方針を作成・公表する。

③地方公共団体の長は、内部統制の整備及び運用状況を自ら評価し、評価内容について監査委員の監査を受ける（都道府県・指定都市等は強制）。

2　2017（平成29）年地方自治法改正

　内部統制関連では、自第150条において、「内部統制」という文言ではなく、以下のような表現で、内部統制体制の整備及び運用を求めている。

……（略）……担任する事務のうち次に掲げるものの管理及び執行が法令に適合し、かつ、適正に行われることを確保するための方針を定め、及びこれに基づき必要な体制を整備しなければならない。

一　財務に関する事務その他総務省令で定める事務

二　前号に掲げるもののほか、その管理及び執行が法令に適合し、かつ、適正に行われることを特に確保する必要がある事務として当該都道府県知事又は指定都市の市長が認めるもの

　この内部統制の方針の策定及び必要な体制の整備は、都道府県知事及び指定都市の市長の義務となっているが、それ以外の市町村長については「努力義務」とされている（同条第2項）。内部統制の方針を策定あるいは変更した場合は、遅滞なく公表しなければならない。

　また都道府県知事、指定都市の市長に加えて、内部統制の基本方針を策定・公表した市町村長（以下、都道府県知事等）は、内部統制評価報告書

を作成し、監査委員による審査を受けなければならない。その上で監査委員の意見を付けて議会に提出する[4]。

3 地方公共団体における内部統制制度の導入・実施ガイドライン

　前述のように、2017（平成29）年の改正では、内部統制の基本方針の策定及び整備、毎会計年度1回以上の評価報告書の作成と監査委員の審査を定めた。

　法律上では、ガイドラインの策定等については特に規定はない。「地方公共団体における内部統制制度の導入・実施ガイドライン」（以下、ガイドライン）[5]は、自第245条の4第1項[6]に基づく技術的助言として、内部統制制度を導入及び実施する際に参考となる基本的な枠組みや要点等を示すものである。

　ガイドラインの章立ては、以下のようになっている。

　Ⅰ　地方公共団体における内部統制の基本的枠組み

　Ⅱ　内部統制に関する方針

　Ⅲ　内部統制体制の整備

　Ⅳ　内部統制評価報告書の作成

　Ⅴ　監査委員による内部統制評価報告書の審査

4）　なお、地方自治法等の一部を改正する法律案に対する附帯決議では、指定都市以外の市町村でも内部統制の基本方針を早急に策定することを検討し、あるいは整備を促進するよう必要な助言等を行う等とされている（2017〈平成29〉年5月18日衆議院総務委員会、2017〈平成29〉年6月1日衆議院総務委員会）。

5）　2017（平成31）年3月29日付で、「地方公共団体における内部統制制度の導入・実施ガイドライン」が全国の地方公共団体宛に発出されている。

6）　（技術的な助言及び勧告並びに資料の提出の要求）
第245条の4　各大臣又は都道府県知事その他の都道府県の執行機関は、その担任する事務に関し、普通地方公共団体に対し、普通地方公共団体の事務の運営その他の事項について適切と認める技術的な助言若しくは勧告をし、又は当該助言若しくは勧告をするため若しくは普通地方公共団体の事務の適正な処理に関する情報を提供するため必要な資料の提出を求めることができる。

(1)「Ⅰ　地方公共団体における内部統制の基本的枠組み」

①内部統制の4つの目的及び6つの基本的要素

　ガイドラインは、すでに上場会社に適用されている金融商品取引法に基づく内部統制報告制度の運用のために示された「財務報告に係る内部統制の評価及び監査の基準並びに財務報告に係る内部統制の評価及び監査に関する実施基準の改訂について（意見書）」(2011〈平成23〉年3月30日企業会計審議会）における内部統制の基本的枠組みを踏まえつつ、地方公共団体固有の特徴を考慮して作成されている。

　したがって、内部統制の(1)4つの目的（①業務の効率的かつ効果的な遂行、②財務報告等の信頼性の確保、③業務に関わる法令等の遵守、④資産の保全）及び(2)6つの構成要素（①統制環境、②リスクの評価と対応、③統制活動、④情報と伝達、⑤モニタリング、⑥ ICT（情報通信技術）への対応）の項目には上場会社のものと何ら変わるところはなく、地方公共団体の組織目的に照らして読み替えを行うことになる。なお、地方公共団体と企業との組織目的の違いについては、「**本章Ⅱ 4 (1)地方公共団体の内部統制と企業の内部統制はどう違うのか**」を参照されたい。

②内部統制に関する留意点と限界

　内部統制は、組織目的の達成を阻害するリスクを一定の水準以下に抑えることを確保するために構築されるものであるため、リスクの発現をゼロにするような絶対的なものではない。

　まずは、その整備及び運用に当たっては、費用対効果を考慮すべきであり、過度な文書化等は避けるべきである。

　一般に、内部統制の限界とされているのは、当初想定されていなかった組織内外の環境の変化、非定型的な事務処理及び長による不当な内部統制の無視等によって、内部統制が有効に機能しない場合のことである。しかし、このような場合であっても、既存の内部統制の枠組みの中で、適切に

対応することにより相当程度対応を図ることができると考えられる。

③内部統制に責任を負う者

　今回の内部統制の導入の大きな意義の１つは、長がその最終的な責任者である旨を明らかにしたことである。ガイドラインでは、「長は、地方公共団体の事務について包括的な管理執行権限を有しており、内部統制の整備及び運用に関しても最終的な責任者である」とされている（Ⅰ 3(1)内部統制に関係を有する者の役割）。

　一方で、「知事以外の行政機関に属する権限」について、長の内部統制に係る権限は及ばないという解釈がなされうる。例えば、委員会もしくは委員またはこれらの管理に属する機関（以下、委員会等）で権限を有するものや公営企業管理者である。しかし、このような重要な役職にあるものの権限に長の内部統制に係る権限が及ばないとなると、今回の内部統制の導入は実質的には無意味となってしまう。

　直接的にはこれらの権限に長の内部統制の権限が及ばないとしても、長による総合的統一的運営を図るための諸規定によって実質的には内部統制に係る長の権限が地方公共団体のあらゆる事務事業に及ぶと解釈すべきと考えられる。

　具体的には、委員会等に関しては、組織等に関する長の総合調整権（自第180条の4）、予算の執行に関する長の調査権等（自第221条）及び公有財産に関する長の総合調整権（自第238条の2）の規定、公営企業管理者に関しては、地方公共団体の長による指導監督権限（地方公営企業法第16条）の趣旨を考慮すべきと考えられる。

　なお、地方公共団体による出資会社や第三セクター等については、長が担任する事務として権限の及ぶ範囲[7]で、適切な内部統制の整備及び運用を求めることが適切であるが、長による内部統制の権限が直接及ぶものではないとされている[8]。この点は、会社法で取締役会が企業集団全体の内

部統制の整備及び運用に係る責任を有するのと異なる扱いとなっている。

（2）「Ⅱ　内部統制に関する方針」

　内部統制に関する方針とは、各地方公共団体における内部統制について組織的な取組みの方向性等を示すものであり、長は、これを策定及び公表しなければならない。

　内部統制の対象となる事業は、財務に関する事務は最低限含まれる。それ以外の事務についても長が必要に応じて対象とすることができる。

　なお、財務に関する事務については必ず内部統制の対象となるが、その場合、内部統制の 4 つの目的（図表 1-3）のすべてにわたり整備、運用及び評価を実施することになる[9]。

　図表 1-4 は、一般企業の事業報告、独立行政法人の業務方法書を参考に、地方公共団体の内部統制に関する基本方針に記載すべきと考えられる項目を示している。

図表1-3　内部統制の4つの目的

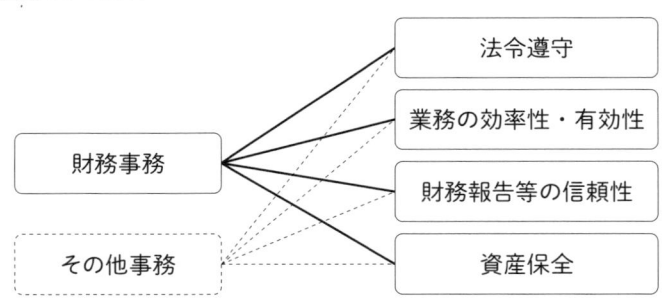

(注)その他の事務には、あらゆる行政事務が考えられるが、行政事務全般とすると広範囲すぎる。例えば、「地方公共団体の事務事業に係る情報の保存（情報セキュリティを含む）・管理・公開（個人情報保護に関する事項も含む）に関する事務」といったように範囲を明確にしたほうがよい。
出所：ガイドラインをもとに作成。

---

7)　予算の執行に関する長の調査権等（自第 221 条第 3 項）、公共的団体等の監督（自第 157 条）が考えられる。
8)　ガイドライン（参考 2）「用語について」参照。

図表1-4 想定される内部統制に関する方針－財務事務を内部統制の対象とするケース

地方公共団体〇〇の財務の事務の管理及び執行が法令に適合し、かつ適正に行われることを確保するための方針

第1条
- 地方公共団体〇〇は、その担当する財務の事務の管理及び執行が、①法令に適合し、②効率的かつ効果的に行われ、③財務報告等に係る信頼性を確保し、④資産保全が適切に図られることを目的とするための体制（内部統制）を整備するとともに、継続的にその見直しを図るものとする。
- 内部統制の整備及び運用の責任は、長にある。
- 必要に応じて基本方針の見直しを行う。

第2条　内部統制の推進に関する事項
- 内部統制の推進に関する規程
- 実務上の責任者及び組織
- 具体的な推進の方法　等

第3条　リスク評価と対応に関する事項
- リスク評価と対応に関する規程
- 実務上の責任者及び組織
- 具体的なリスク評価と対応の方法（事業継続計画（BCP）の策定・訓練等も含む）　等

第4条　予算の適正な配分に関する事項
- 予算配分の見直し等に関する適正なルールの策定
- 業績評価結果を予算配分等に活用する仕組み　等

第5条　収入及び支出に関する事項

第6条　決算の信頼性を確保するための事項
- 財務報告に反映されるべき本庁及び出先機関の財務事務等に係る文書化、伝達、検証に係る規程

第7条　契約及び入札に関する事項
- 入札及び契約に関する規程
- 契約監視委員会等の設置
- 談合情報等がある場合の緊急対応　等

第8条　現金及び有価証券に関する事項
- 資産保全（定期的な実査・残高確認、時価情報の入手等を含む）、適切な運用に関する規程等

第9条　財産に関する事項
- 資産保全（台帳整備、現物照合等を含む）に関する規程等

第10条　内部通報及び外部通報に関する事項
- 内部通報及び外部通報に関する規程に定める事項
  （窓口の設置、通報者の保護、内部統制担当責任者等に確実且つ内密に報告される仕組み等）

第11条　内部統制の評価に関する事項

第12条　監査委員等に関する事項
- 監査委員の職務執行
- 監査委員の職務を補助すべき職員
- 監査委員等への報告その他連携に係る事項　等

出所：企業の事業報告、独立行政法人の業務方法書をもとに作成。

（3）「Ⅲ　内部統制体制の整備」

①内部統制推進部局と内部統制評価部局

　地方公共団体の長は、内部統制の整備及び運用の最終責任者であるが、副知事等を実務上の責任者として長を補佐させることができる。

　内部統制の責任者の指揮下で、実際に内部統制に関する方針の策定やそれに基づいた内部統制の整備及び運用を全庁的に推進する担当部局を「内部統制推進部局」として新たに組織を設置することが望ましいとされている。

　一方、「内部統制評価部局」は、自己評価を避けるため、内部統制推進部局と別個の組織とし、新設あるいは既存の組織を活用すべきとされている[10]。

　実際には、人的資源に制約のあるうえ、内部統制の整備・運用自体は、会計経理の適正性、資産管理、業務の効率化等、既存の組織がすでに分野ごとに一定程度「推進」の役割を担っているものと考えられる。したがって、長を議長として、それらの各分野の責任者からなる内部統制推進トップ会議及びそれぞれの実務レベルによるプロジェクトチーム等を設けて「推進」を担わせ、一方で長による「評価」を補佐する評価部局を設置することが現実的な対応ではないかと思われる。

②内部統制推進部局、評価部局と各部局との関係

　内部統制の整備段階及び評価段階で行うべき作業をガイドラインに沿って、図示を試みた（図表1-5）。

9）「業務の効率性・有効性」を含む4つの目的すべてにわたることに注意。2）で紹介した「地方公共団体における内部統制制度の導入に関する報告書」（2014〈平成26〉年4月）8頁では、①法令遵守、②財務報告の信頼性、③資産保全の3点のみを最低限対象とすべきとしていた。今回のガイドラインのほうが目的が広範にわたる。

10）ガイドラインでは、同組織が「推進」と「評価」を担う場合、同じ人物が双方を担当することのないよう、適切な業務分掌が必要とされている。また、監査委員事務局職員の兼任は適切でないとしている。

図表1-5 内部統制の整備及び評価段階における作業

段階	レベル	項目	内部統制推進部局	各部局	内部統制評価部局	監査委員
整備段階	全庁的	体制整備	（設置）	－	（設置）	－
		計画・手続策定	● 評価対象期間における<u>整備・運用</u>に係るもの		● 評価対象期間の<u>内部統制評価報告書</u>に係るもの	● 審査計画 ● 長と意見交換① （方針・評価範囲決定時） ● 評価範囲の検討・指摘
	業務レベル	リスクの識別・分類	● リスク評価シート様式の作成 ● 各部局にリスク一覧を作成し、配布（リスクの影響度・発生可能性の評価についての目安や考え方も示す）	● リスク一覧を参考にリスクを洗い出し、内容を記載し評価（全庁的or個別、過去の経験、量的・質的重要性）		
		リスクの分析・評価	● 各部局の評価をもとに、①漏れがないかどうか検討、②全庁的リスク及び個別リスクの分類を整理し、③必要に応じ再評価を求める	対応策を検討・リスク評価シートに記載		
		リスク対応策	リスク対応策をとりまとめる			
評価段階	全庁的				評価項目（別紙1）に基づき、整備状況の記録、必要な手続を追加したうえで有効性評価	● 評価手続の記載の検討・指摘 ● 長と意見交換② （長の評価とりまとめ時） ● 評価結果の記載の検討・審査意見
	業務レベル			● 自己評価（リスク評価シート） ● （評価期間中の不備の発見時）報告	各部局の自己評価に独立的評価を追加し、有効性評価	

出所：ガイドラインをもとに作成。

③評価対象期間と評価基準日

　一般に、経営者報告書における内部統制の有効性の判断には、時間的な対象をどう設定するか、すなわち期間を基準とするか、あるいは時点を基準とするかという問題がある。上場会社で行われる財務報告の信頼性に係る内部統制の評価については、通常年度末（基準日）における時点評価を行う。経営者は多くの場合、期中で検出された内部統制上の欠陥について、基準日までにそれらを是正する機会を有する。それとともに、当該内部統制の目的である財務報告も、その基準日と同一の時点を決算日として作成されるものであるから、仮に期中で誤りがあったとしても、適正なものに修正するための是正が可能である。いい換えれば、基準日（＝決算日）付で出される財務報告が適正なものになっていれば、その時点での内部統制は有効ということができる。このような場合、期間中に識別されたが、基準日までに是正された内部統制上の欠陥を開示することの有用性はあまりないといえる。

　しかし、例えば、業務の効率性・有効性に係る内部統制については、逆に時点評価は有用ではない。期中に識別された内部統制上の欠陥が期末までに是正されたとしても、欠陥のあった時期に行われた不適切な事務事業により、著しいマイナス効果が生じ、それが回復できないこともある。期中で実際にあった不備及びその影響を報告しなければ、それは住民のニーズに沿ったものとはいえないであろう。

　そのため、ガイドラインでは、「評価対象期間」と「評価基準日」との両方を使い分けている。

　具体的には、「Ⅳ　内部統制評価報告書の作成　1　内部統制の評価(4)評価方法」によれば、整備状況については評価基準日現在の状況を対象とし、運用状況については評価対象期間を対象とする。したがって整備状況については、評価後に是正が可能なように、一定期間を確保することが望ましいとしている。また、運用状況については、評価対象期間中に発生

した不適切な事項に関する不備について評価を行うため、基本的に評価対象期間終了後に評価を実施することになるとしている。

　なお、ガイドラインの「はじめに」において、評価対象期間は通常会計年度と一致させ、評価基準日を決算日にすることが想定されるものの、評価対象期間の設定は柔軟にできる旨の記載がある。

④評価の対象 – 全庁レベルと業務レベル

　上場会社に求められている財務報告の信頼性に係る内部統制の評価・監査制度においては、最終的に公表される連結財務諸表一式の作成過程における内部統制に着目される（図表1-6）。

　上場会社の場合、「経営者は、全社的な内部統制の評価を行い、その評価結果を踏まえて、業務プロセスの範囲を決定する。」[11]とされている。つまり、最終成果物である連結財務諸表一式に影響を及ぼす、企業の事業目的に大きく関わる勘定科目（売上高等）が連結ベースで一定程度（2/3）を占める重要な事業拠点については、業務プロセスにおける内部統制を評価することが求められる。選定した重要な事業拠点における、企業の事業目的に大きく関わる勘定科目に至る業務プロセスは、評価の対象となる。具体的には、一般の事業会社の場合、売上、売掛金及び棚卸資産に係る業務プロセスは、原則としてすべて評価の対象とするとされている[12]。

　それらの結果を最終成果物に統合し、開示内容を作成する過程における内部統制は、すべての事業拠点において「全社的な観点」で評価することになる。

　地方公共団体の内部統制の場合は、前述のように4つの目的にわたる広

11）「財務報告に係る内部統制の評価及び監査に関する実施基準」（企業会計審議会）「Ⅱ 2（2）評価範囲の決定」。トップダウン型のリスク・アプローチによる絞り込みの方法とされる。
12）この際、評価の対象となる業務プロセスの把握・整理を行うために「業務の流れ図」（業務フロー）や「業務記述書」、業務プロセスにおける虚偽記載の発生するリスクとこれを低減する統制の識別のために「リスクと統制の対応」が、有用な図や表として例示されている。

図表1-6 **上場会社の場合の評価の範囲の決定**

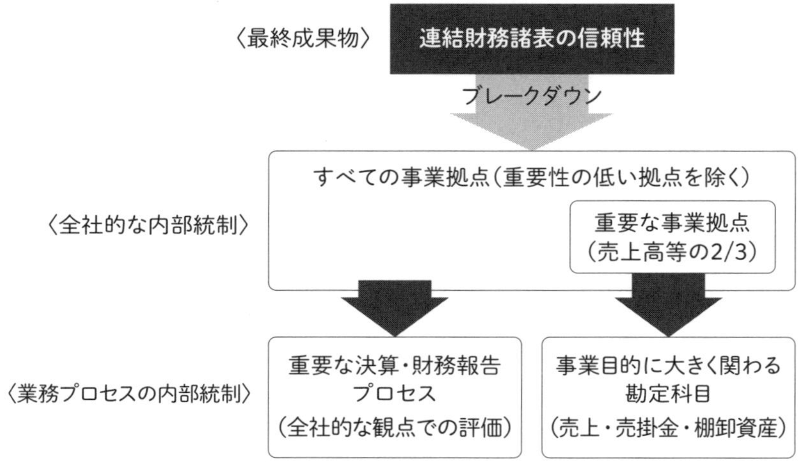

〈最終成果物〉　**連結財務諸表の信頼性**

ブレークダウン

すべての事業拠点（重要性の低い拠点を除く）

重要な事業拠点
（売上高等の2/3）

〈全社的な内部統制〉

〈業務プロセスの内部統制〉

重要な決算・財務報告
プロセス
（全社的な観点での評価）

事業目的に大きく関わる
勘定科目
（売上・売掛金・棚卸資産）

出所：財務報告に係る内部統制基準・実施基準をもとに作成。

図表1-7 **ガイドラインにおける評価の範囲の決定**

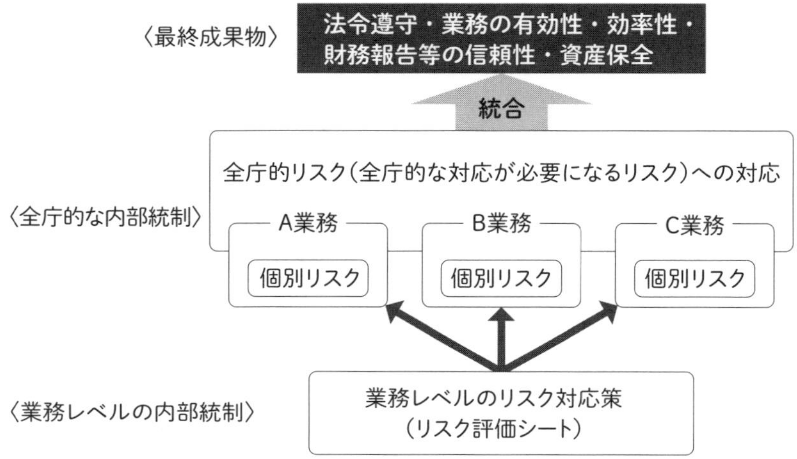

〈最終成果物〉　**法令遵守・業務の有効性・効率性・
財務報告等の信頼性・資産保全**

統合

全庁的リスク（全庁的な対応が必要になるリスク）への対応

〈全庁的な内部統制〉

A業務
　個別リスク

B業務
　個別リスク

C業務
　個別リスク

〈業務レベルの内部統制〉

業務レベルのリスク対応策
（リスク評価シート）

出所：ガイドラインをもとに作成。

範なものであるから、最終成果物としての財務数値や開示内容等の特定されたものがあるとは限らない。したがって、最終成果物からブレークダウンして、内部統制の評価等を実施する範囲を特定することが困難である。

そこで、内部統制推進部局が、過去の監査結果、自他団体における不祥事、その他「リスク例」を参考に各部局ごとに「リスク一覧」を作成し、各部局はそれを手掛かりにリスクの洗い出し、評価、対応策の点検・検討等を行う。これが「業務レベルのリスク対応策」である（図表1-7）。

ガイドラインには「長は、全庁的な内部統制の評価及び業務レベルの内部統制の評価を行う」と記載されているが、全庁的な内部統制の評価と業務レベルの内部統制の評価の関係は必ずしも明らかではない。別紙1のような概括的な評価項目に基づいて全庁的な評価を行ったとしても、そこから問題のある個別業務を特定するということは実務上困難である。

一方、別紙1の項目には、各業務レベルにおいても評価すべき項目が含まれている。例えば、統制活動の項目では、次のとおりである。

7-1	組織は、リスクの評価と対応において決定された対応策について、各部署において、実際に指示通りに実施されているか。
8-1	組織は、内部統制の目的に応じて、以下の事項を適切に行っているか。 1）権限と責任の明確化　　3）適時かつ適切な承認 2）職務の分離　　　　　　4）業務の結果の検討
8-2	組織は、内部統制に係るリスク対応策の実施結果について、担当者による報告を求め、事後的な評価及び必要に応じた是正措置を行っているか。

これらの事項がそのように全庁的に規定され、トップレベルの会議でもそのように報告されていたとしても、実際に現場でどのように運用されているかは、また別の問題である。

同様に、「情報と伝達」の項目においても業務レベルで評価する必要のあるものが多くある。例えば、評価項目9-1はその典型的なものといえる。

9-1	組織は、必要な情報について、信頼ある情報が作成される体制を構築しているか。

したがって、前述の業務レベルのリスク洗い出し作業により把握されたリスクのある業務に対して、このような観点からも評価を行い、必要な場合、全庁的な対応を講ずることになると考えられる[13]。

⑤日常的モニタリングと独立的評価

ガイドラインには、以下のように記載されている。

> モニタリングとは、内部統制が有効に機能していることを継続的に評価するプロセスをいう。モニタリングにより、内部統制は常に監視、評価及び是正されることになる。モニタリングには、業務に組み込まれて実施される日常的モニタリング及び業務から独立した視点から実施される独立的評価がある。両者は個別に又は組み合わせて行われる場合がある。
> （日常的モニタリング）
> 日常的モニタリングは、通常の業務に組み込まれた一連の手続を実施することで、内部統制の有効性を継続的に検討・評価することをいう。業務活動を遂行する部局内で実施される内部統制の自己点検ないし自己評価も日常的モニタリングに含まれる。
> （独立的評価）
> 日常的モニタリングでは発見できないような組織運営上の問題がないかを、別の視点から評価するために定期的又は随時に行われるものが独立的評価である。

出所：内部統制ガイドライン Ⅰ 1.(2)内部統制の 6 つの基本的要素。

一般に、経営者は、日常的モニタリング（ongoing monitoring）と独立的評価（separate evaluations）を通じて内部統制システムをモニタリングする。まずは、通常の事業運営の一環として、内部統制システムのデザイン（設計）と運用の有効性について日常的モニタリングを実施する。日常的モ

---

[13] 図表 1-6 と 1-7 で示したように、上場会社の財務報告の信頼性に係る内部統制の評価と地方公共団体に導入される内部統制の評価とは対象・範囲が大きく異なる。したがって、12）で記載した「業務の流れ図」等の作成は必ずしも求められていない。

ニタリングは、通常行われる「承認」のような、管理・監督的な手続、比較、照合、その他のルーティーンの活動を含む。さらには、コンピュータシステムを使った自動的なチェックシステムの場合もある。

　経営者が特定の時点あるいは特定の機能またはプロセスにおける内部統制の整備及び運用状況の有効性をモニタリングするのが独立的評価である。独立的評価の範囲と頻度は、第一にリスクの評価、日常的モニタリングの有効性、組織内あるいは環境における変化の速度次第で決まるといえる。独立的評価は自己評価の形をとることもあり、部局横断的あるいは機能横断的評価を含む。

　ガイドラインでは、独立的評価の例として、内部統制評価部局による評価を挙げているが、上場会社の内部統制における独立的評価は、経営者、取締役会、監査役等、内部監査部門等によって実施される。地方公共団体にも組織内部において、会計面や業務面から組織横断的に事業をチェックする監査や検査等がもともとビルトインされているが、そのような活動は独立的評価といえる。

　長は、経営者は、日常的モニタリング及び独立的評価の結果を評価し文書化することにより、内部統制の課題を見出すことができる[14]。課題とは、あるべき内部統制と現状との乖離（不備や課題）を指す。

⑥有効性の評価

　内部統制対象事務における内部統制の有効性の判断は、評価基準日における整備上の重大な不備の有無及び評価対象期間における運用上の重大な不備の有無によって判断される。

　整備上の重大な不備は、全庁的な内部統制及び業務レベルの内部統制の

---

[14]　「課題の認識」は、長が実施すべき事項であるが、ガイドライン上は、明確に記述されていない。「Ⅴ　監査委員による内部統制評価報告書の審査　2 審査の計画」で、「内部統制の整備、運用状況及び課題等についての長の認識」を監査委員は理解するとしている。

図表1-8　内部統制評価報告書の記載項目

- 内部統制の整備及び運用に関する事項（長の責任、内部統制の基本的枠組み、対象事務、内部統制の限界等）
- 評価手続（評価対象期間及び評価基準日、評価方法、全庁的な内部統制の評価項目[注1]等）
- 評価結果（「有効」あるいは「有効でない」）
- 不備の是正に関する事項[注2]
- その他説明をすることが適当と判断した事項

(注1) ガイドライン中の評価報告書記載例によると、全庁的な内部統制の評価項目に加除修正を行った場合には、当該加除修正について記載するなど、使用した評価項目がわかるように記載することとされている。
(注2) 整備上の不備（評価基準日時点で是正されたものも含む）及び運用上の不備に係る是正措置を記載。内部統制対象事務以外の事務の重大な不備、その是正措置及び内部統制に関する方針の見直しについての検討についても記載。
出所：ガイドラインをもとに作成。

図表1-9　長による内部統制評価報告書

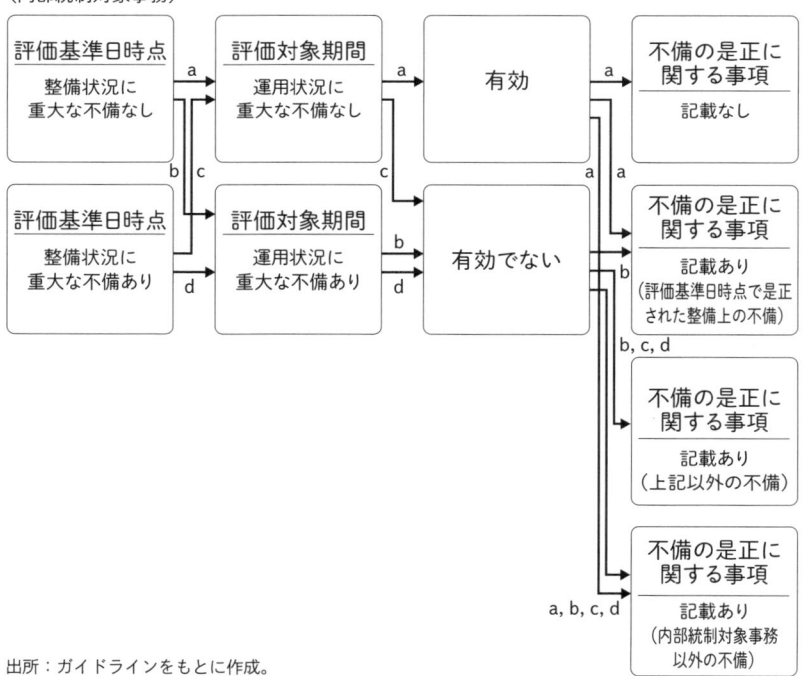

（内部統制対象事務）

出所：ガイドラインをもとに作成。

整備上の不備のうち、全庁的な内部統制の評価項目に照らして著しく不適切であり、大きな経済的・社会的な不利益を生じさせる蓋然性が高いものが該当する。

　運用上の重大な不備については、全庁的な内部統制及び業務レベルの内部統制の運用上の不備のうち、不適切な事項が実際に発生したことにより、結果的に、大きな経済的・社会的不利益を生じさせたものが該当する。運用上の重大な不備については、不適切な事項が実際に発生したかどうかをもとに判断する。評価基準日時点において整備上の対応も必要であると考えられる場合であっても、重複して整備上の重大な不備に該当することとはしない。

⑦内部統制評価報告書の作成・報告

　長は、内部統制評価報告書に図表1-8の項目を記載する。「評価結果」及び「不備の是正に関する事項」は、図表1-9に沿って、記載する。

（4）「Ⅴ　監査委員による内部統制評価報告書の審査」

①監査委員の関与の流れ

　監査委員の関与は、図表1-5にも記載したとおりであるが、改めてまとめると図表1-10のようになる。長との意見交換は、長による評価範囲の決定時及び長による評価のとりまとめ時の少なくとも2回は実施する必要がある。

図表1-10 **監査委員による長の内部統制評価報告書の審査の流れ**

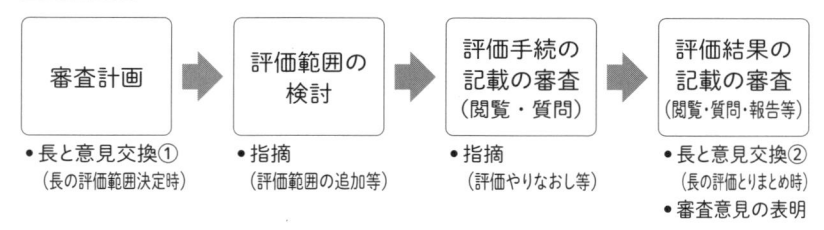

出所：ガイドラインをもとに作成。

図表1-11 **内部統制評価報告書審査の結果に係る報告書の記載事項**

監査基準（案）	内部統制評価報告書審査の結果に係る報告
1. 監査基準に準拠している旨 2. 監査等の種類 3. 監査等の対象 4. 監査等の着眼点（評価項目） 5. 監査等の実施内容 6. 監査等の結果	1. 〇〇地方公共団体の監査基準に準拠して審査を実施した旨(注) 2. 審査の種類 　地方自治法第150条第5項の規定により同条第4項に規定する報告書の審査(注) 3. 審査の対象 　令和N年度〇〇地方公共団体内部統制評価報告書 4. 審査の着眼点 　〇〇地方公共団体の長による評価（評価手続及び判断）が相当であるかどうか 5. 審査の実施内容 　審査手続等（ガイドラインの記載例参照） 6. 審査意見 　内部統制評価報告書の記載内容（評価手続及び評価結果）の相当性 7. 備考

(注)これら2項目は、ガイドラインで示された審査意見の記載例では、頭書きに記述されている。
出所：ガイドライン及び監査基準（案）をもとに作成。

②審査報告書の内容

　監査等の結果に関する報告は、内部統制評価報告書の審査も含め、後述の監査基準(案)により、図表 1-11 の 6 項目が最低限設ける項目とされている。

　ガイドラインに従えば、図表 1-12 のような審査報告書のパターンがある。

図表1-12 想定される審査報告書の結果

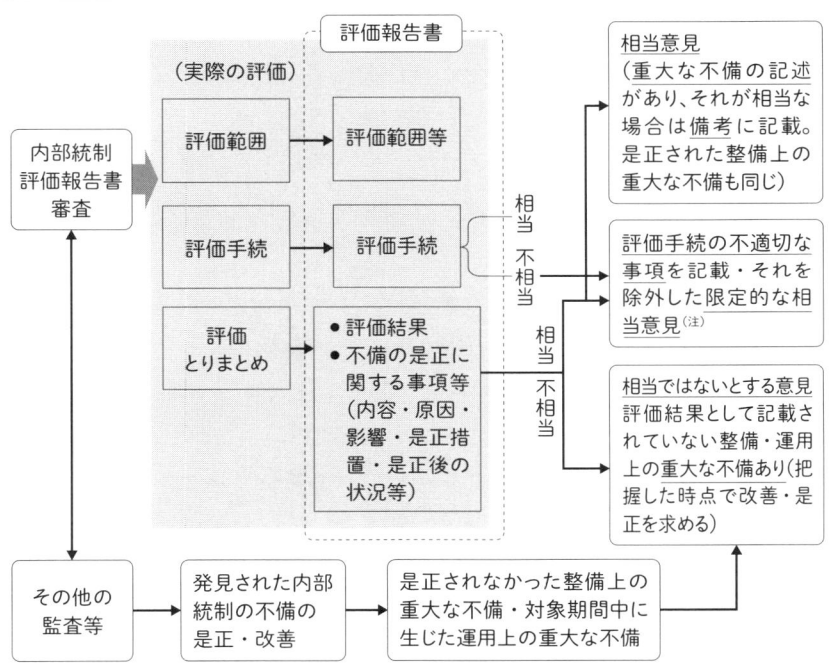

(注)評価手続が著しく不相当の場合、整備上または運用上の重大な不備となる。
出所：ガイドラインをもとに作成。

4　2017（平成29）年の改正のポイント――意義と課題

（1）地方公共団体の内部統制と企業の内部統制はどう違うのか

①普遍的な枠組み

　内部統制は、これまで企業を念頭において議論されることが多かった。そこで、まず地方公共団体の内部統制は、企業と同じものと考えるべきなのかどうかという疑問が湧く。結論としては、「同じ枠組みで考えてよい」といえる。

　ただし、企業と地方公共団体とは、組織目的が異なる。内部統制は、「組織目的の達成に関して合理的な保証を提供することを意図した、事業体の取締役会、経営者及びその他の構成員によって遂行される一つのプロセス」と定義される。したがって、事業体の目的や置かれた環境によって読み替えが必要な部分はあるにしても、同じ枠組みを適用するのが適当と考えられる（「本章Ⅱ**3**(1)「Ⅰ　地方公共団体における内部統制の基本的枠組み」」参照）。

　内部統制の実質は、どのような事業体にあっても一定程度はもともと存在するものと考えられる。わが国において「内部統制」という文言が明確に使われたのは、戦後間もない 1950（昭和 25）年に公表された「監査基準及び監査実施準則」[15]においてであった（図表1-13）。ここでは、内部統制は、「不正過失を発見防止するとともに、企業の定める会計手続が守られているか否かを検査する」ことを目的とし、内部牽制組織と内部監査組織からなるとされていた。

図表1-13　内部統制の捉え方の変遷

〈監査基準及び監査実施準則（昭和25年）〉　　　　　〈COSOフレームワーク〉

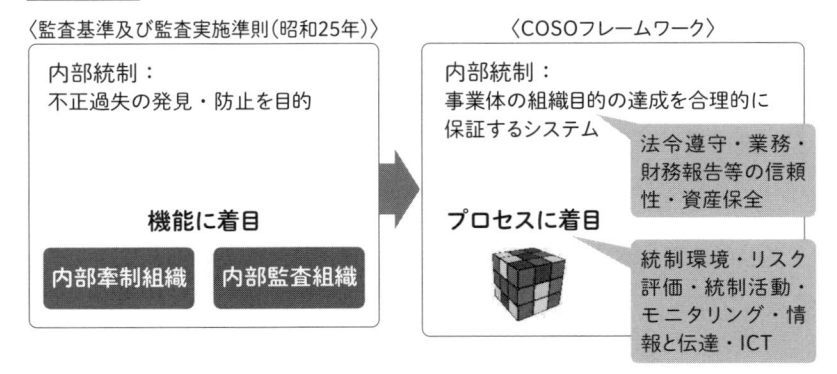

内部統制：
不正過失の発見・防止を目的

機能に着目

内部牽制組織　　内部監査組織

内部統制：
事業体の組織目的の達成を合理的に
保証するシステム

プロセスに着目

法令遵守・業務・財務報告等の信頼性・資産保全

統制環境・リスク評価・統制活動・モニタリング・情報と伝達・ICT

出所：監査基準・監査実施準則（昭和 25 年）及び COSO フレームワークをもとに作成。

---

15) 「監査基準及び監査実施準則」経済安定本部企業会計基準審議会、1950（昭和 25）年 7 月。

　1992（平成 4）年にトレッドウェイ委員会支援組織委員会（Committee of Sponsoring Organizations of the Treadway Commission：COSO）フレームワークが公表されたことにより、内部統制の概念は、従来の統制活動に焦点を置いた『機能』としての捉え方から、①事業体がその目的の達成に進んでいくことを合理的に保証する、②事業体の構成員全体によって行われる『プロセス』と広く捉える方法に画期的に変化した。

　これらの機能やプロセスは、企業のみならず、「その他の事業体」、すなわち、公的機関か民間機関か、営利組織か非営利組織かを問わず、あらゆる事業体に共通して必要なものといえる。

②今回の導入の範囲による相違点

　一方で、今回の地方公共団体への内部統制の導入の範囲については、企業の場合と異なる点があるので留意が必要である。後掲の図表 1-15 「株式会社における内部統制に係る評価及び監査制度」で示すように、会社法は大会社に対して内部統制の 4 つの目的すべての導入を義務付けている点では、今回の地方公共団体の範囲と共通しているが、他方、金融商品取引法は上場会社に「財務報告の信頼性」（具体的には連結財務諸表の適正性）に関してより踏み込んだ対応を求めている。これは、上場会社には金融商品取引法に基づく財務諸表監査が前提となっていることによる。

　一方で、現行の地方公共団体には、財務諸表監査制度はない。したがって、金融商品取引法の求める内部統制に係る手続等がそのまま当てはまるわけではないことに留意しなければならない。

　一般に、公表された経営者による内部統制評価報告書は、公表された財務諸表の信頼性に係る内部統制に限定されているのが現状である。ただ、海外では法令遵守に関する内部統制をはじめとして、政府部門において、広範な目的に関する内部統制評価報告制度がみられるようになってきた。その例が連邦管理者財務保全法（the Federal Managers Financial Integrity

Act：FMFIA）に基づく経営者評価報告制度である[16]。この点については、「第 2 章 I **1** 連邦政府における内部統制の要請」を参照されたい。

（2）地方公共団体の組織目的とは何か

　企業の場合の組織目的は、利益の最大化・企業価値の向上であり、それを達成するために単一あるいは複数の事業を行う。そしてそれらの事業をいかに有効かつ効率的に遂行していくか等が経営課題となる。

　地方公共団体の場合は、公共の福祉の向上が法律上与えられた明確な組織目的といえる。一言で公共の福祉の向上といっても、その政策や事業は広範囲にわたり、組織目的は総合計画や政策評価の体系に沿ってブレークダウンされるものと思われる。

　ちなみに、わが国では、「内部統制の目的は、①財務報告の信頼性、②業務の有効性・効率性、③法令等の遵守、④資産の保全」と一般に理解されている。

　COSO フレームワークでは、「主体の目的とこれに関連するリスク」は、一般に、

- 事業：効率的かつ有効な事業
- 報告：内部及び外部資料の報告の信頼性
- 準拠性：適用される法令規則の遵守

の 3 つのカテゴリーの 1 つないしは複数に分類されるとされている。つまり、内部統制の目的というより、組織目的がこれらのいずれかのカテゴリーに分類されるという意味である。内部統制の定義自体が、「組織目的の達成を保証するもの」となっており、ある意味、組織目的も内部統制の目的も同義と捉えられることから、これらを内部統制の目的と捉えても問

---

[16]「内部統制の統合的枠組み - 理論編」207 頁。ただし、「法令遵守に対する内部統制についての報告が実施されるべきであるならば、内部統制についての報告に関する新たな基準が模索される必要がある。」としている（同 208 頁）。

図表1-14 内部統制の目的：日米比較

日本の内部統制 （内部統制基準）	改訂 COSO フレームワーク
業務	業務
財務報告	報告
法令遵守	法令遵守
資産の保全	

(注)「資産保全」は、改訂 COSO フレームワークでは「業務」に
　含まれ、アメリカの内部統制（グリーンブック）では、3つ
　のカテゴリーの目的の組み合わせ（subset）とされている。
出所：財務報告に係る内部統制基準・実施基準、改訂 COSO フ
　レームワークをもとに作成。

題はないのかもしれない。しかしそもそもは組織目的が出発点であり、組織目的とは別個に内部統制の目的が設定されているのではない点に留意すべきである。

　さらに、2014（平成26）年改訂 COSO フレームワークでは、「財務報告」が「報告」とされるなど、若干の変更がされている（図表1-14）。

（3）地方公共団体は一から内部統制を導入しなければならないのか

　地方公共団体は、憲法以下、地方自治法等の法律に基づいて設立される組織である。したがって、その活動も法律の規定に準拠して行われるため、法律遵守の意識は企業以上に組織全般に浸透しているものと考えられる。また、資金源は公金が多くの部分を占めており、不正や誤謬の防止・発見のための内部牽制や内部監査といった統制活動も十分に制度化されているものと考えられる。その意味で、地方公共団体には、「内部統制」という名称は用いられていないものの、内部統制の実質は相当程度備わっていると考えられる。

　今回の内部統制制度導入の意義は、長に整備・運用の責任があること、組織目標の達成に寄与するものということを明確にした点といえる。今回

の改正を機に、既存の内部統制の仕組みを再点検し、公共の福祉の向上を図るうえでより有効なものに改善していくことが望まれる。

（4）「有効性」評価を形骸化させないために

①内部統制の有効性はどのように判断するのか

　答申及び法律上は単に「評価する」という文言が用いられていたところ、ガイドラインでは詳細を定め、「有効性の評価」とした。

　この「有効性の評価」という文言は、金融商品取引法における上場会社に求められる「財務報告の信頼性」に係る内部統制の評価及び監査制度で用いられる文言を踏襲したものである。しかし、「財務報告の信頼性」に係る内部統制の有効性の判断と、「業務の有効性・効率性」や「法令遵守」等に係る内部統制の有効性の判断とは、まったく異質なものであることは明らかである。

　図表1-15で示すように、上場会社において義務付けられている内部統制の有効性に係る評価及び監査制度は、「財務報告の信頼性」に関してのみである。これに対して、地方公共団体の内部統制の評価・審査制度は内部統制全体を対象として「有効性の評価」を義務付けている点で、上場会社よりも評価及び審査の範囲がはるかに拡大されていることがわかる。つまり、このような広範囲の内部統制評価及び審査制度の導入は、わが国でも初めての試みであるとともに、国際的にみても踏み込んだ制度ともいえる[17]。

　ここで、「財務報告の信頼性」以外の内部統制を評価し審査するに当たり、「報告すべき重要な不備」をどのように判断するのかという実務上の困

---

[17] イギリス財務省の公表する通称「オレンジブック」（Management of Risk-Principles and Concepts）やその影響を受けたアメリカ連邦政府の内部統制に係る報告制度等（「第 2 章 I 連邦政府の管理者による内部統制に係る報告制度」参照）、海外の先進国では財務報告の信頼性目的にとどまらない内部統制の評価制度が発展してきている。

図表1-15　株式会社における内部統制に係る評価及び監査制

内部統制の目的	会社法（大会社）		金融商品取引法（上場会社）	
	内部統制の体制	報告及び監査	内部統制の体制	報告及び監査
財務報告の信頼性	当社及び企業集団の業務の適正を確保するための体制　具体的には、 （法令遵守） ● 取締役の職務の執行が法令及び定款に適合することを確保するための体制		当社及び企業集団の財務計算に関する書類その他の情報の適正性を確保するための体制	● 経営者が内部統制の有効性について評価、「内部統制報告書」を作成 ● 「内部統制報告書」を外部監査人が監査
業務の有効性・効率性	● 使用人の職務の執行が法令及び定款に適合することを確保するための体制 （その他） ● 取締役の職務の執行に係る情報の保存及び管理に関する体制 ● 損失の危険の管理に関する規程その他の体制 ● 取締役の職務の執行が効率的に行われることを確保するための体制 ● 監査役等の監査の実効性を確保するための体制等	● 事業報告書で内部統制の整備についての決定・決議の内容の概要と運用状況の概要を記載 （評価制度なし） ● 取締役等の職務執行の監査の一環として監査役等の監査		経営者による内部統制の評価・報告は義務付けられていない（監査対象外）
法令遵守				
資産保全				

□は各法律が対象とする部分（内部統制の目的）。
(注)各事業体の内部統制はあくまで同一のもの（1つだけ）であり、2種類あるわけではない。ただ、同一のものを2つの法律で異なる枠組みとして取扱っているという意味である。
出所：会社法及び金融商品取引法をもとに作成。

難さが出てくる。

　上場会社の場合の内部統制評価・監査制度は、財務報告の信頼性にのみ焦点を当てればよい。すなわち、「評価範囲」は、財務報告（連結ベース）の信頼性に及ぼす影響の重要性の観点から、金額的及び質的影響の重要性を考慮して決定することになる。これを監査対象とすることにより、評価結果の正しさが「担保」される。

　一方、地方公共団体の場合、とりわけ事業の効率性・有効性や法令遵守等の目的に関連して、どのように重要性の有無を判断し「有効性」を評価するのか。たとえ1円であっても、公金であれば「重要性なし」とはいえないのではないか。ただでさえ評価対象が広範囲であることから、抽出された部分の評価とならざるを得ず、その抽出の妥当性の検証も容易ではない。そのうえ、重要性の判断基準を高く設定すれば、「有効である」旨の評価や監査結果が出たとしても、形骸的な内容となるのではないかといった疑問が出てくる。

　現時点では、「重大な不備」の判断基準については、各団体の規模や個々の業務の特性等によっても異なることから、各団体で適切に判断されるものとされている。また、長による評価と監査委員による審査の判断基準が異なる可能性もあり、予め意見交換等の調整が必要とも考えられる[18]。

　しかし、規模や事業の内容によって重要性が変わってくるにしても、本来は統一的な有効性の判断基準を示すことが必要である。各団体がそれぞれ判断基準を設定することが地方自治ではないことはいうまでもない。評価範囲の設定や評価方法、重要性の考え方等の検討や住民の理解が不十分な中で、安易に「有効性」評価を出すことは、新制度を形骸化させることになるし、長の責任を適切に遂行したかどうかという判断においても誤っ

18）「平成30年度地方公共団体外部監査人・監査委員意見交換会開催報告」（会計・監査ジャーナル Vol.31、2019〈平成31〉年3月）、意見交換（パネルディスカッション）における森源二総務省自治行政局行政課長発言趣旨より。

た結論を導きかねないことに留意すべきである。

　なお、広範囲の内部統制に関して「有効性評価」を行っている例を「第2章Ⅰ　連邦政府の管理者による内部統制制度に係る報告制度」で取り上げている。これは、組織の目的別に、内部統制の5つの構成要素及びそれぞれの原則に従って評価を行い、内部統制が組織目的達成を合理的に保証しているかどうかを総合的に評価し、報告する制度である。この種の評価及び報告をするには、重層的な評価・監査制度と経験の蓄積が必要と考えられる。

ア　形骸化させないための工夫

　組織の長は、自らの組織の内部統制について「重大な不備がある」という評価をしたり、あるいは監査委員による審査意見に限定が付されることを極力避けたいと考えがちである。しかし、不備を認めることを責任問題と捉えて極力回避しようとするのは間違いである。実態の伴わない「評価のための評価」にならないよう注意すべきである。不備を直視して継続的に改善努力を促進するPDCAサイクルを構築することこそが、今回の内部統制の導入の目的である。

　「第1章Ⅱ❸(3)⑤日常的モニタリングと独立的評価」で記述したように、長は、経営者は、日常的モニタリング及び独立的評価の結果を評価し文書化することにより、内部統制の課題を見出すことができる[19]。課題とは、あるべき内部統制と現状との乖離（不備や問題点）を指す。

　定期的に評価を実施していくことを通じて、長は当初認識された乖離をベースライン（基準線）として設定し、それを規準として内部統制の改善の程度をモニタリングすることが可能となる。

---

[19] 「課題の認識」は、長が実施すべき事項であるが、14）のとおり、ガイドラインでは明確にされていない。内部統制を適正なものとしていくPDCAサイクルにおいて、必要な事項である。

　また、長は住民をはじめとする外部者からの反応にも注意を払わなければならない。例えば、住民からのクレームは、改善が必要な内部統制の不備を示唆するケースもあると考えられる。

　地方公共団体の長は、組織として法令等を遵守しつつ、適正に業務を執行し、組織目的の効果的な達成、業務の効率化等により市民の信頼に足る組織とするよう努めなければならない。そのためには、リスクがあることを前提とすることは当然のことであるが、時の経過とともに新たなリスクが発生したり、あるいは潜在的なリスクが発現することもある。内部統制には限界があり、リスクの発現をゼロにすることはできないとしても、既存の内部統制では不十分との認識に立ち、新たなリスク分析に基づき常に組織を改善していく努力を続けていかなければならない。そのような努力を促進することこそ、今回の内部統制制度導入の目的であるといえる。

イ　全社的リスクマネジメントへの展開

　ガイドラインでは、「リスク」に焦点を当てたアプローチがとられている。

　近時、内部統制の概念の浸透とともに、リスクマネジメントの考え方も普及してきた。一方で、ここ十数年間においてリーマンショックに象徴されるように、リスクが一層複雑化する中で、より組織の戦略や事業目標の達成に資するような新たな全社的リスク[20]の捉え方が普及してきている。

　「全社的リスクマネジメント（Enterprise Risk Management：ERM）」とは、「組織が価値を創造し、維持し、及び実現する過程において、リスクを管

---

[20] COSO は、「内部統制の統合的フレームワーク」（1992〈平成 4〉年）を公表した後、「全社的リスクマネジメント－統合的フレームワーク」（2004〈平成 16〉年）を公表した。2017〈平成 29〉年にはこの改訂版「全社的リスクマネジメント－戦略及びパフォーマンスとの統合」を公表している。
　なお、「全社的」の意味は、今回のガイドラインに記載されている「全庁的な対応の必要な全庁的リスク」における「全庁的」の意味とは意味が異なる。

理するために依拠する、戦略策定並びにパフォーマンスと統合されたカルチャー、能力、実務」とされる[21]。従来のリスクマネジメントの考え方は、個別リスクを対象とし、オペレーショナルリスクや危機管理が中心であったとされる。それに対して、ERM は、戦略達成、財務的目標達成に関わるリスクとされ、組織グループ全体での取組みが必要とされる。この考え方は、海外の政府部門でも採用されている[22]。

　リスクを「地方公共団体の使命の達成や重要事業の遂行に影響を与える」、あるいは「市民へのサービス提供を損なう」可能性のあるものと捉え、長は全庁的にそれらの発現の低減に務めるとともに、その一環として内部統制の整備・運用評価を行うべきものと考えられる。

21）「COSO 全社的リスクマネジメント」（同文館出版）用語集から引用。
22）「第 2 章Ⅰ 連邦政府の管理者による内部統制に係る報告制度」参照。

新しい監査制度

1 第31次地制調答申

　図表1-16は、近時に開催された地制調の答申内容（監査関連）とそのうち法制化されたものを示した総務省資料である。1997（平成9）年の地方自治法改正により外部監査が導入になって以来、識見委員の条例による追加や監査委員事務局の共同設置が可能となるなど、監査制度は少しずつ改正されてきた。しかしながら大幅な改正はなされなかった。なかでも、第29次地制調答申は、「監査機能の充実・強化」として9項目を挙げたものの、法制化されたのはそのうち1項目だけにとどまっていた。

　第31次地制調への諮問事項のうち、後半は、「議会制度や監査制度等の地方公共団体のガバナンスのあり方等について」であったことから、これまで法制化が見送られてきた事項についてもゼロベースで議論が進められた。

　「本章Ⅰ(4)近時の議論 地方公共団体の監査制度に関する研究会報告書」（7頁参照）においては、監査基準の必要性について、「現在存在する監査基準準則は、任意の基準であり、統一された監査基準は存在しておらず、法令上の位置付けもない。地方公共団体の監査機能を充実し、監査結果の信頼性をより高めるためには、監査を行う際に基づくべき統一された監査基準が必要である」として、「監査サポート組織」がこれを作成すべきとした。

　第31次地制調での議論においても、監査の品質を高め有効なものとするには、規範性を持った監査基準が必要であるとの意見が出された。

　議論の結果、答申に織り込まれた監査関連の提言は以下のとおりである。

（監査関連）

①統一的な監査基準の設定（地方公共団体が専門家・実務家等の知見も得ながら共同で策定）

②監査委員等の専門性の向上のため、研修制度を設置するとともに、専門委員の任命を可能とする

③議選委員を置かない選択も可能とする

④全国的な共同組織の設立により、監査基準の策定、研修、人材のあっせん、監査実務の情報の蓄積や助言等、小規模な地方公共団体の要請に応じた監査の支援を行う仕組みを構築する

2 2017（平成29）年地方自治法改正（監査制度関連）

　監査に関連する 2017（平成 29）年度の地方自治法の主な改正点は以下のとおりである。

● 監査委員は監査基準に従うこととし、監査基準は、各地方公共団体の監査委員が定め、公表する。（監査基準の策定について、国が指針を示し必要な助言を実施）

● 勧告制度の創設

● 監査専門委員の創設[※]

● 議選監査委員の選任の義務付けの緩和[※]

● 条例により包括外部監査を実施する地方公共団体の実施頻度の緩和（現行は毎会計年度）[※]等

（※）は 2018（平成 30）年 4 月から、それ以外は 2020（令和 2）年 4 月から施行。

図表1-16　監査制度等に関する最近の主な答申事項の制度化の状況について

第 25 次「監査制度の改革に関する答申」（H9.2.24）

※運用改善の提言を除く

1 外部監査制度の導入

(1)地方公共団体の組織に属さない外部の専門的な知識を有する者による外部監査を導入することにより、地方公共団体の監査機能の独立性・専門性を一層充実させるべき
(2)共同の外部監査組織による監査を受ける方式について、外部監査導入後の状況を踏まえさらに検討していくべき

→ ○**平成 9 年地方自治法改正**
・外部監査制度の導入

2 監査制度の充実

(1)OB 監査委員の選任について、当該団体の職員であった者を監査委員に選任する場合は 1 人に限るとする措置を講ずるべき
(2)町村における監査体制の充実を図る観点から、監査委員の定数を 2 人とするとともに、町村にも監査委員事務局を設置することができることとすべき
(3)監査の透明性等の確保の観点から、監査委員の監査の結果に基づく改善措置についての報告、公表を義務づけることとすべき
(4)監査委員の選任方法、議員選出の監査委員のあり方、監査制度に係る議会の役割のあり方について、引き続き検討していく必要

→ ○**平成 9 年地方自治法改正**
・識見委員が 2 名以上の場合、そのうち 1 名以上は OB（退職後 5 年間）ではなかった者とする
・町村の監査委員の定数を 2 名とする
・条例により事務局の設置を可能に
・監査を受けた執行機関等が、監査委員の監査結果に基づき措置を講じたとき、監査委員に通知し、監査委員は当該通知に係る事項を公表

第 26 次「地方分権時代の住民自治制度のあり方及び地方税財源の充実確保に関する答申」（H12.10.25）

※運用改善の提言を除く

1 住民監査請求制度の充実

(1)違法な財務会計行為を、住民監査請求の審査段階で、監査委員が執行差止めを勧告する制度を創設すべき
(2)監査委員の審査の際、請求人等を立ち会わせ陳述聴取や参考人の意見を求めることができることとすべき

→ ○**平成 14 年地方自治法改正**
・監査委員による暫定的な停止の勧告制度の創設
・審査手続の充実（監査時の陳述聴取の場への請求人等の立会）

2 住民訴訟制度の充実

(1)職員に対する賠償命令制度の充実化
(2)4 号訴訟は、機関としての長等を住民訴訟の被告とし、敗訴した場合には長等が個人としての長や職員等の責任を追及することとすべき
(3)住民訴訟における原告（住民）の弁護士費用の公費負担の対象を住民訴訟全体に拡充すべき

→ ○**平成 14 年地方自治法改正**
・財務会計職員に対し長が賠償命令を発することができる期間を延長（3 年→ 5 年）
・訴訟類型の再構成（被告は長や職員個人から執行機関に変更）
・原告勝訴時の弁護士費用の公費負担をすべての訴訟類型に拡大

> **第 28 次「地方の自主性・自立性の拡大及び地方議会のあり方に関する答申」（H17.12.9）**

※運用改善の提言を除く

1 監査委員のあり方

○識見を有する者から選任する監査委員について条例でその数を増加することができることとすべき

➡

○**平成 18 年地方自治法改正**
- 識見を有する者から選任する監査委員の数について、条例で増加できることとした

> **第 29 次「今後の基礎自治体及び監査・議会制度のあり方に関する答申」（H 21.6.16）**

※運用改善の提言を除く

1 監査機能の充実・強化

(1)監査委員事務局の共同設置を可能とする制度改正が検討されるべき
(2)監査結果の報告等の決定について、合議を要せず多数決によることができるものとすることが適当
(3)監査結果の報告等に対し措置を講じなかった場合も、その旨を監査委員へ理由を添えて通知することが適当
(4)毎会計年度包括外部監査を受ける方式に加え、条例により複数年度に 1 回包括外部監査を受ける方式の導入が適当
(5)個別外部監査において導入の前提として必要とされている条例の制定を不要とすることが適当
(6)監査委員の選任方法や構成については、様々な意見や課題があることから、監査委員を公選により選出することも含め、引き続き検討
(7)決算財務書類の監査を包括外部監査人の必要監査事項に義務付けることについて、費用の増加等の課題があり、引き続き検討
(8)指定都市・中核市以外への包括外部監査の義務付け拡大について、人材確保や財政負担等の課題があり、引き続き検討
(9)小規模団体の外部監査の導入につき、共同の外部監査組織の設置など、外部監査人となる人材の確保を支援する方策について、今後引き続き検討

○**平成 23 年地方自治法改正**
- 行政機関等を共同設置することができることとされた

出所：第 31 次地方制度調査会第 22 回専門小委員会　参考資料　監査制度関連資料 10-12 頁、総務省ホームページ「地方制度調査会―以前の新着情報」(http://www.soumu.go.jp/main_sosiki/singi/chihou_seido/kaigi_back.html)。

　一方、監査共同組織の設置の法制化は再度見送られた。ただし、「地方自治法等の一部を改正する法律案に対する附帯決議」においては、「普通地方公共団体における監査委員等の専門性を確保し、監査の品質向上を図るため、監査を支援する組織・体制の在り方について引き続き検討を行うこと」と記載されている[23]。

3 監査基準（案）と監査実施要領

（1）総論

　監査基準（案）及び実施要領は、2019（平成 31）年 3 月 29 日付で全国の各地方公共団体宛に発出された。併せて、参考資料として、以下も送付されている。
- 標準的な事務フローから想定されるリスク及び監査手続
- 各団体に共通するリスクが顕在化した事案
- 内部統制制度が導入及び実施されていない団体に係る監査基準（案）の変更点
- 監査基準（案）及び実施要領についての地方公共団体からの主な意見・質問

　前述した新たに創設された内部統制の評価及び審査制度は、都道府県及び政令指定都市については強制適用であるが、それ以外の団体は任意に導入するよう努めなければならないとされている。

　監査基準（案）は、内部統制の評価及び審査制度の導入を前提とした形となっているが、これらを導入しない団体はその部分を除いた形で適用を行う（上記「● 内部統制制度が導入及び実施されていない団体に係る監査基

---

[23] 2017（平成 29）年 5 月 18 日衆議院総務委員会、同年 6 月 1 日参議院総務委員会。

準(案)の変更点」参照)。

　以下は、監査基準(案)の各条項のうち、監査特有の専門用語等、一般的に馴染みのない表現が出てくるため、それらにポイントを絞って解説を試みたい。

(2) 一般基準

第1章 一般基準
(監査委員が行うこととされている監査、検査、審査その他の行為の目的)
第1条　地方公共団体において監査委員が行うこととされている監査、検査、審査その他の行為は、当該地方公共団体の事務の管理及び執行等について、法令に適合し、正確で、経済的、効率的かつ効果的な実施を確保し、住民の福祉の増進に資することを目的とする。
2　監査委員は、監査基準に従い公正不偏の態度を保持し、正当な注意を払ってその職務を遂行する。それによって自ら入手した証拠に基づき意見等を形成し、結果に関する報告等を決定し、これを議会及び長等に提出する。

■監査基準(案)の位置付け

　監査基準(案)は、(案)という文言が入っているが、総務大臣が地方公共団体に示した「指針」として規範性を有する（自第198条の4第5項）。各地方公共団体の監査委員がこれをもとに監査基準を決定する。地方自治法には、監査委員の各種監査・審査・検査が列挙されているが、これらの監査業務実施時に監査基準が共通的に適用となる。

■監査の目的

　「監査の目的」は、「監査の観点」、「監査要点」あるいは「監査の着眼点」と同義に使われている。つまり、監査によって何を立証しようとするのか

を指す。

　監査の目的は、合規性・正確性については当然含まれるとされている。さらに、監査委員の職務権限を定めた自第 199 条第 3 項では、「第 2 条第 14 項及び第 15 項の規定の趣旨にのっとってなされているかどうか」に特に意を用いなければならない」とされていることから、従来より、合規性、正確性に加えて、経済性、効率性及び有効性という監査要点があると解されてきた。第 1 条第 1 項の趣旨は、これを明確にしたものである。

　なお、類似の文言は、国の監査機関である会計検査院法第 20 条にも記載がある（参考 1・2 参照）。

〈参考 1〉　自第 2 条第 14 項-15 項

> 第14項　地方公共団体は、その事務を処理するに当つては、住民の福祉の増進に努めるとともに、最少の経費で最大の効果を挙げるようにしなければならない。
> 第15項　地方公共団体は、常にその組織及び運営の合理化に努めるとともに、他の地方公共団体に協力を求めてその規模の適正化を図らなければならない。

〈参考 2〉　会計検査院法

> 第二章　権限
> 第一節　総則
> 第二十条　会計検査院は、日本国憲法第九十条の規定により国の収入支出の決算の検査を行う外、法律に定める会計の検査を行う。
> ○ 2　会計検査院は、常時会計検査を行い、会計経理を監督し、その適正を期し、且つ、是正を図る。
> ○ 3　会計検査院は、正確性、合規性、経済性、効率性及び有効性の観点その他会計検査上必要な観点から検査を行うものとする。

■ 公正不偏の態度と正当な注意

　「公正不偏の態度」及び「守秘義務」は、自第198条（服務）にも記載されている。監査委員は、場合によっては地方公共団体の長をはじめ、執行機関と相対立する立場に立つことも想定されるため、公正不偏の立場を保持することが強く要請されている。したがって、第1条第2項はこのような服務の根本基準を冒頭に掲げたものといえる。「公正不偏の態度」は第4条でも再び登場する。

　「正当な注意」は、地方公共団体の全執行機関に係る義務として自第138条の2にも同趣旨の規定[24]があるが、改めて冒頭に掲げられた。

　一般に、「正当な注意」とは、善良なる管理者の注意[25]と同趣旨と解されている。

　（監査等の範囲及び目的）

第2条　監査、検査、審査その他の行為のうち、本基準における監査等は
　　次に掲げるものとし、それぞれ当該各号に定めることを目的とする。

一　財務監査　財務に関する事務の執行及び経営に係る事業の管理が法令
　　に適合し、正確で、最少の経費で最大の効果を挙げるようにし、その組
　　織及び運営の合理化に努めているか監査すること

二　行政監査　事務の執行が法令に適合し、正確で、最少の経費で最大の
　　効果を挙げるようにし、その組織及び運営の合理化に努めているか監査す
　　ること

三　財政援助団体等監査　補助金、交付金、負担金等の財政的援助を与え

---

[24] 第七章　執行機関　第一節　通則
　　普通地方公共団体の執行機関は、当該普通地方公共団体の条例、予算その他の議会の議決に基づく事務及び法令、規則その他の規程に基づく当該普通地方公共団体の事務を、自らの判断と責任において、誠実に管理し及び執行する義務を負う。

[25] 業務を委任された人の職業や専門家としての能力、社会的地位などから考えて通常期待される注意義務。

ている団体、出資している団体、借入金の元金又は利子の支払を保証している団体、信託の受託者及び公の施設の管理を行わせている団体の当該財政的援助等に係る出納その他の事務の執行が当該財政的援助等の目的に沿って行われているか監査すること

四　決算審査　決算その他関係書類が法令に適合し、かつ正確であるか審査すること

五　例月出納検査　会計管理者等の現金の出納事務が正確に行われているか検査すること

六　基金運用審査　基金の運用状況を示す書類の計数が正確であり、基金の運用が確実かつ効率的に行われているか審査すること

七　健全化判断比率等審査　健全化判断比率及び資金不足比率並びにそれらの算定の基礎となる事項を記載した書類が法令に適合し、かつ正確であるか審査すること

八　内部統制評価報告書審査　長が作成した内部統制評価報告書について、長による評価が適切に実施され、内部統制の不備について重大な不備に当たるかどうかの判断が適切に行われているか審査すること

2　法令の規定により監査委員が行うこととされている監査、検査、審査その他の行為（監査等を除く。）については、法令の規定に基づき、かつ、本基準の趣旨に鑑み、実施するものとする。

　監査委員の実施する監査、検査、審査等について、それぞれの目的を明確にしたものである。その監査等の結果の報告の内容については、監査基準第15条に記載されているが、監査の種類と想定される監査の観点、結果の報告（骨子）について一覧表（図表1-17）にまとめてみた。

　前述の監査基準の文面等から、「合規性、」「正確性」、「経済性」、「効率性」及び「有効性」の5つの観点は同等に扱われていることがわかる。この点、これまでの監査の実務において、監査の第一義的な目的は「合規性」の確認であり、副次的な目的として「経済性、効率性及び有効性」とする

解釈も見受けられたが、今回、これらの観点は同等に扱われていることに留意が必要である。

（倫理規範）

第3条　監査委員は、高潔な人格を維持し、誠実に、かつ、本基準に則ってその職務を遂行するものとする。

（独立性、公正不偏の態度及び正当な注意）

第4条　監査委員は、独立的かつ客観的な立場で公正不偏の態度を保持し、その職務を遂行するものとする。

2　監査委員は、正当な注意を払ってその職務を遂行するものとする。

■ 高潔性

　自第196条第1項は、識見委員の要件として「人格が高潔で、普通地方公共団体の財務管理、事業の経営管理その他行政運営に関し優れた識見を有する者……略」と規定している。しかしながら、「高潔な人格」は、すべての監査委員に必要なことから、この規定が設けられている。

　「誠実性」は、監査人に必要な資質として、第一に挙げられるものである[26]。「高潔性」も「誠実性」も、英語では"Integrity"とされる。政府監査基準（Government Auditing Standards）では、住民が政府を信頼するかどうかはまさに監査人にかかっており、監査人が客観的、事実に基づく、超党派的で偏向のない、正直な姿勢を貫けるかどうかがポイントとしている。様々なプレッシャーや対立のある中で、公共の利益のために尽くすことを最大の優先事項として考えることが誠実性である。

---

[26] 「倫理規則」（日本公認会計士協会）においては、基本原則1として「誠実性の原則」が挙げられている。倫理規則は、すべての会員が遵守を求められる。

図表1-17 監査の目的、監査等の結果及び想定される監査の観点

	監査の目的	監査等の結果		想定される監査の観点
		重要な点において以下の事項が認められる場合にはその旨その他監査委員が必要と認める事項を記載		
		重要な点において以下の事項が認められない場合にはその旨その他監査委員が必要と認める事項を記載		
財務監査	財務に関する事務の執行及び経営に係る事業の管理が法令に適合し、正確で、最少の経費で最大の効果を挙げるようにし、その組織及び運営の合理化に努めているか	前項第一号から第五号までの記載事項のとおり監査した限りにおいて、(全項目共通) 監査の対象となった事務が法令に適合し、正確に行われ、最少の経費で最大の効果を挙げるようにし、その組織及び運営の合理化に努めている(といえない)		合規性・正確性・経済性・効率性・有効性
行政監査	事務の執行が法令に適合し、正確で、最少の経費で最大の効果を挙げるようにし、その組織及び運営の合理化に努めているか	監査の対象となった事務が法令に適合し、正確に行われ、最少の経費で最大の効果を挙げるようにし、その組織及び運営の合理化に努めている(といえない)		合規性・正確性・経済性・効率性・有効性
財政援助団体等監査	補助金、交付金、負担金等の財政的援助を与えている団体、出資している団体、借入金の元金又は利子の支払を保証している団体、信託の受託者及び公の施設の管理を行わせている団体の当該財政的援助等に係る出納その他の事務の執行が当該財政的援助等の目的に沿って行われているか	監査の対象となった財政援助団体等の当該財政的援助等に係る出納その他の事務の執行が当該財政的援助等の目的に沿って行われている(といえない)		合規性・正確性・経済性・効率性・有効性
決算審査	決算その他関係書類が法令に適合し、かつ正確であるか	決算その他関係書類が法令に適合し、かつ正確である(といえない)		合規性・正確性
例月出納検査	会計管理者等の現金の出納事務が正確に行われているか	会計管理者等の現金の出納事務が正確に行われている(といえない)		正確性

基金運用審査	基金の運用状況を示す書類の計数が正確であり、基金の運用が確実かつ効率的に行われているか	長から提出された基金の運用の状況を示す書類の計数が正確であると認められ、基金の運用が確実かつ効率的に行われている（といえない）	合規性・正確性・効率性
健全化判断比率等審査	健全化判断比率及び資金不足比率ならびにそれらの算定の基礎となる事項を記載した書類が法令に適合し、かつ正確であるか	健全化判断比率及び資金不足比率ならびにその算定の基礎となる事項を記載した書類が法令に適合し、かつ正確である（といえない）	合規性・正確性
内部統制評価報告書審査	長が作成した内部統制評価報告書について、長による評価が適切に実施され、内部統制の不備について重大な不備に当たるかどうかの判断が適切に行われているか	長が作成した内部統制評価報告書について、監査委員が確認した内部統制の整備状況及び運用状況、評価に係る資料並びに監査委員が行うこととされている監査、検査、審査その他の行為によって得られた知見に基づき、長による評価が評価手続に沿って適切に実施されたか及び内部統制の不備について重大な不備に当たるかどうかの判断が適切に行われているかという観点から検証を行い審査した限りにおいて、内部統制評価報告書の評価手続及び評価結果に係る記載は相当である（といえない）	合規性・正確性・経済性・効率性・有効性

(注)「想定される監査の観点」は、私見である。基金運用審査については、明示されている「正確性」以外に、「基金は、これを前項の条例で定める特定の目的に応じ、及び確実且つ効率的に運用しなければならない（自第241条第2項）」と記載されていることから、合規性と効率性を加えている。内部統制評価報告書審査については、内部統制の目的が広範にわたるため、5つすべてを記載している。
出所：監査基準(案)をもとに作成。

■独立性

　「独立性」も監査人に必要な要件として重要である。「独立性」には精神的独立性と外観的独立性があり、後者は前者を支えるものとされている。地方自治法には、職員との兼任禁止（自第196条第3項）や監査執行上の除斥（自第199条の2）等、外観的独立性を確保する規定はあるが、これにとどまらず、精神的独立性を確保するために、これに影響を与えかねない、あるいはそのような疑いを住民に与えかねないような当該地方公共団体との関係は有するべきではない。

■守秘義務

　なお、前掲の倫理規範等に、守秘義務が明記されていないが、本来は監査基準(案)にこれを明記すべきであったと考えられる。改正後の自第198条の3第1項は、「監査委員は、その職務を遂行するに当たって、法令に特別の定めのある場合を除くほか、監査基準（法令の規定により監査委員が行うこととされている監査、検査、審査その他の行為（以下、この項において監査等）の適切かつ有効な実施を図るための基準をいう。次条において同じ）に従い、常に公正不偏の態度を保持して監査等を行わなければならない」と規定している。守秘義務については、自第198条の3第2項に「監査委員は、職務上知り得た秘密を漏らしてはならない。その職を退いた後も、同様とする」と規定されている。いずれも法律上の規定はあるが、「公正不偏の態度」は、監査基準(案)に複数個所にわたって記載されているのに対し、「守秘義務」は省略されている。法律に規定されている事項であっても監査の規範とすべき内容については、監査基準に織り込むべきである。

　（専門性）

　第5条　監査委員は、地方公共団体の財務管理、事業の経営管理その他行

> 政運営に関し優れた識見を有することが求められ、その職務を遂行するため、自らの専門能力の向上と知識の蓄積を図り、その専門性を維持確保するため研鑽に努めるものとする。
> 2　監査委員は、監査委員の事務を補助する職員に対し、監査委員の職務が本基準に則って遂行されるよう、地方公共団体の財務管理、事業の経営管理その他行政運営に関して、自らの専門能力の向上と知識の蓄積を図るよう研鑽に努めさせるものとする。

■ 監査委員の継続的研修

　監査委員は、地方公共団体の財務管理、事業の経営管理に加え、その他の一般行政事務についても専門、高度の学識や経験を有する者を意味する。「財務管理」とは地方自治法の第9章に規定されているような財務（予算事務、会計事務、契約事務、財産管理事務等）を指すが、国や私企業の財務でも問題ないとされている。また、「事業の経営管理」についても、単に地方公共団体の経営する事業に限らず、広く企業的な事業を指し、企業の業務の運営全般を意味するとされている。すなわち、幅広い分野の経験や知識を有した優秀な人材がそれぞれの経験等を生かし、地方公共団体の事務の適正化に貢献することが期待されている。

　したがって、就任の際の要件としてだけではなく、監査委員には就任後も継続的に専門性を維持する努力が必要である。そのための1つの方策が、継続的専門研修である。例えば、地方公共団体で構成する組織に、より計画的に、基礎的な内容から最新の公的部門をめぐる課題等を含めた研修プログラム等を組んで、単位認定を行わせる等の仕組みが必要である。

■ 監査委員事務局職員の専門性と独立性

　自第200条は、監査委員事務局の設置を都道府県には強制、市町村には条例の定めるところにより可能としている。事務局には、事務局長、書記その他の職員を置くとし、それらの任免は代表監査委員が行うことになっている。

　しかし、監査委員事務局職員は行政職であり、事務局での勤務もキャリアアップのためのローテーションの一環である。この結果、約 7 割が平均経験年数 3 年未満といった短期間の勤務となり [27]、監査の知識を十分に習得する前に異動となる。また、実質的な人事評価権は知事部局にある。将来の昇格や被監査対象部局への異動があり得る中では、「住民目線」の監査ではなく「庁内のため」の監査に陥りかねない危険性を孕んだ仕組みといえる。

　当然のことながら、事務局職員にも一定の独立性と専門性は求められるべきである。まず監査委員は、事務局職員が十分に独立性を確保して業務を実施できるよう環境を整えるべきである。さらに専門性についても、より充実した監査が実施できるよう、専門能力の向上と知識の蓄積を図るため研鑽に努めさせる必要がある。具体的には、「監査委員の継続的研修」に準じた研修プログラム等により、監査に必要な専門知識の習得が可能で、客観的に外部にもわかるような仕組みの構築が望まれる。

　なお、2017（平成 29）年の地方自治法改正により、監査専門委員に関する規定が盛り込まれた。これは、専門性の高い外部の人材の活用という観点で、監査委員が特定の事件につき監査専門委員を任命できる仕組みである。監査専門委員は非常勤であるが、常設または臨時に設置することが可能となっている。現在でも、任期付職員の採用や委託という形で専門性の高い人材の登用の手段がとられているが、さらなる選択肢が増えることで、監査委員事務局職員の専門性が高まることが期待される。

（質の管理）

第 6 条　監査委員は、本基準に則って、その職務を遂行するに当たり求められる質を確保するものとする。そのために、監査委員の事務を補助する

---

[27]　「監査制度関連資料」、総務省、第 31 次地方制度調査会、第 22 回専門小委員会、参考資料 1、15 頁。

職員に対して、適切に指揮及び監督を行うものとする。

2　監査委員は、監査計画、監査等の内容、判断の過程、証拠及び結果その他の監査委員が必要と認める事項を監査調書等として作成し、保存するものとする。

■品質管理

監査委員は、監査の重要な役割に鑑み、住民の信頼を維持・確保するために、業務の内容を一定水準以上に維持・向上させる必要がある。これを一般に「品質管理」と呼んでいる。品質管理は、監査のあらゆる段階（計画、実施、報告等）でなされる必要がある。

監査は、監査委員を責任者として、事務局職員との適切な連携によって進められなければならない。したがって、事務職員への指示、監督、遂行した業務内容のレビューを行う必要がある。

監査等の結果の報告、意見及び勧告をとりまとめる際にも、監査委員の合議により内容や表現の適切性等を確認し、品質を適切な水準に高める必要がある。また、将来的な課題として、地方公共団体で構成する組織によるレビュー、あるいは地方公共団体相互のピアレビュー[28]の仕組みの導入が望まれる。

■監査調書

「監査調書」とは、監査の結果を支える根拠となる資料で、監査基準に準拠して業務を実施したことの証拠ともなる重要な書類である。監査実施年度の監査資料というだけでなく、次年度以降に適切に引き継がれることにより、監査の質を向上させる効果がある。監査調書は紙ベースでも電子媒体でもよいと考えられる。

---

[28] 地方公共団体の監査が、監査基準に従い、適切に遂行されているかどうかを業界団体あるいは相互にチェックする仕組み。

（3）実施基準

第2章　実施基準

（監査計画）

第7条　監査委員は、監査等を効率的かつ効果的に実施することができるよう、リスク（組織目的の達成を阻害する要因をいう。以下同じ。）の内容及び程度、過去の監査結果、監査結果の措置状況、監査資源等を総合的に勘案し、監査計画を策定するものとする。監査計画には、監査等の種類、対象、時期、実施体制等を定めるものとする。

2　監査委員は、監査計画の前提として把握した事象若しくは状況が変化した場合又は監査等の実施過程で新たな事実を発見した場合には、必要に応じて適宜監査計画を修正するものとする。

（リスクの識別と対応）

第8条　監査委員は、監査等（内部統制評価報告書審査を除く。本条、次条第2項並びに第15条第3項及び第4項において同じ。）の対象のリスクを識別し、そのリスクの内容及び程度を検討した上で、監査等を実施するものとする。

（内部統制に依拠した監査等）

第9条　前条のリスクの内容及び程度の検討にあたっては、内部統制の整備状況及び運用状況について情報を集め、判断するものとする。

2　監査委員は、監査等の種類に応じ、内部統制に依拠する程度を勘案し、適切に監査等を行うものとする。

■ リスクに着目した監査

　監査基準第7〜9条には、リスクの内容及び程度について記載されている。

　リスク・アプローチとは、企業の財務諸表監査において、一般に採用されている考え方である。つまり、監査資源が限られる中、重要な虚偽表示の生じる可能性の高い事項に、重点的に人員や時間を充てることで、効率

的かつ効果的に監査を行おうとするものである。

　監査委員監査においても、この考え方は有用であり、貴重な監査資源を
どのように有効に充てていくかに留意が必要となる（図表1-18）。例えば、

図表1-18 リスク・アプローチ＜地方公共団体への読み替え＞

〈企業の財務諸表監査におけるリスク・アプローチ〉

| 監査人が、財務諸表の重要な虚偽表示を看過し、誤った意見を形成する可能性。 | 関連する内部統制が存在していないとの仮定のうえで、財務諸表に重要な虚偽の表示がなされる可能性。経営環境により影響を受ける種々のリスク、特定の取引記録及び財務諸表項目が本来有するリスクより構成される。 | 財務諸表の重要な虚偽の表示が、企業の内部統制によって防止または適時に発見できない可能性。 | 企業の内部統制によって防止または発見されなかった財務諸表の重要な虚偽の表示が、監査手続を実施してもなお発見できない可能性。 |

$$監査リスク ＝ 固有リスク × 統制リスク × 発見リスク$$

（重要な虚偽表示リスク）

〈地方公共団体の場合〉以下のように読み替えることが適切と考えられる

| 監査委員が、合規性・正確性・経済性・効率性・有効性に反する事項を看過し、問題なしとする等の誤った意見を形成する可能性。 | 関連する内部統制が存在していないとの仮定のうえで、合規性・正確性・経済性・効率性・有効性に反する事項が発生する可能性。経営環境により影響を受ける種々のリスク、特定の事務事業や組織等が有するリスクより構成される。 | 合規性・正確性・経済性・効率性・有効性に反する事項が発生する可能性が組織の内部統制によって防止または適時に発見できない可能性。 | 組織の内部統制によって防止または発見されなかった合規性・正確性・経済性・効率性・有効性に反する事項が、監査手続を実施してもなお発見できない可能性。 |

出所：監査基準(案)等をもとに、筆者作成。

選択した監査対象に対して、悉皆的な計算突合等に終始してしまうことは、監査の本来の目的を果たせないこととなる。

　組織の長は、内部統制を適切に整備・運用する責任を負っている。これは、事務処理の誤りのような初歩的なミスの防止から、自らの組織が実施する事務事業が適切かつ効率的に遂行され、組織目的に合致して効果を上げているかどうかについて監視することも含む。監査委員としては、まずこのような内部統制が適切に整備・運用されているかどうかを評価したうえで、リスクの高い分野に注力して専門性を発揮していかなければならない。これは、今回の内部統制評価制度等の導入を待たず、必要な考え方である。

　監査基準(案)第9条では、「リスクの内容及び程度の検討に当たっては、内部統制の整備状況及び運用状況について情報を集め、判断するものとする」としている。

図表1-19　内部統制への依拠の程度の判断

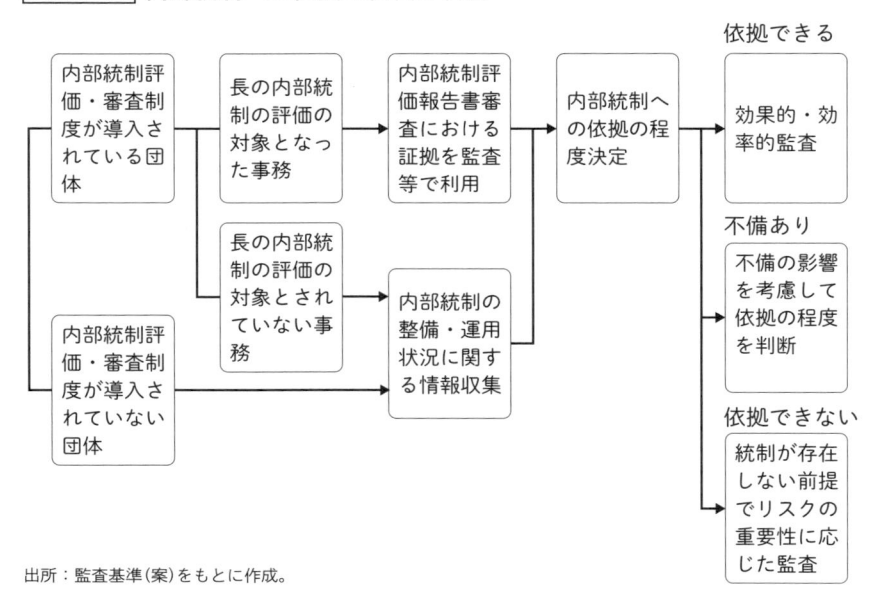

出所：監査基準(案)をもとに作成。

　実施要領では、「3　リスクの識別、評価及び対応「(3)リスクへの対応」」において、識別されたリスクに対して、量的及び質的重要性が高いと評価される場合は、監査資源を優先的に配分すべきと記載されている。ここでは、内部統制が存在しないと想定したうえでのリスクの判断と考えられる[29]が、実際には、「4　内部統制に依拠した監査等」に記載のとおり、リスクの評価においては、内部統制の整備及び運用状況の評価（統制リスク）を含めて判断しなければならない（図表 1-19）。

■内部統制の評価

　2017（平成 29）年の地方自治法改正により、地方公共団体に内部統制の概念が導入された（自第 150 条第 1 項・第 2 項）（内部統制については、「第1章Ⅰ　背景」参照）。監査にも内部統制報告書の審査が加わることになったが（自第 150 条第 5 項）、通常の監査においても、前述のように内部統制を考慮した監査を実施しなければならない。

　（監査等の実施手続）

第10条　監査委員は、必要な監査等の証拠を効率的かつ効果的に入手するため、監査計画に基づき、実施すべき監査等の手続を選択し、実施するものとする。

　（監査等の証拠入手）

第11条　監査委員は、監査等の結果を形成するため、必要な監査等の証拠を入手するものとする。

2　監査委員は、監査等の証拠を評価した結果、想定していなかった事象若しくは状況が生じた場合又は新たな事実を発見した場合には、適宜監

---

[29]「4（2）②内部統制に依拠した監査等を実施できない場合」は「3（3）参照」と記載されていることから、これは内部統制が存在しない前提でのリスクの評価と考えられる。

査等の手続を追加して必要な監査等の証拠を入手するものとする。

（各種の監査等の有機的な連携及び調整）

第12条　監査委員は、各種の監査等が相互に有機的に連携して行われるよう調整し、監査等を行うものとする。

（監査専門委員、外部監査人等との連携）

第13条　監査委員は、必要に応じて監査専門委員を選任し、必要な事項を調査させることができる。

2　監査委員は、監査等の実施に当たり、効率的かつ効果的に実施することができるよう、監査専門委員、外部監査人等との連携を図るものとする。

■各種監査の連携

外部監査の導入により、監査委員と外部監査人による監査が併行して行われることとなったことから、自第252条の30（監査の実施に伴う外部監査人と監査委員相互間の配慮）では、一定の配慮を求めている。すなわち、外部監査人は、監査を実施するに当たっては、監査委員にその旨を通知する等相互の連絡を図るとともに、監査委員の監査の実施に支障をきたさないよう配慮しなければならないとされている。一方、監査委員も外部監査人の監査に支障をきたさないようにしなければならないとしている。「支障をきたす」という例として、同一の組織に同じ日に両者がともに監査に入ることが考えられる[30]が、今回の監査基準の規定は、支障を避けるというよりも、むしろ連携して有効な監査を推進することを意図している。この場合の「連携」とは、適切なコミュニケーションを行うことにより被監査対象の理解を深める、互いの監査結果を適切に利用する等が考えられる。

---

[30]「新版　逐条地方自治法」（第 9 次改訂版）第 252 条の 30〔解釈及び運用〕（松本英昭著）。

（4）報告基準

第3章　報告基準

（監査等の結果に関する報告等の作成及び提出）

第14条　監査委員は、財務監査、行政監査及び財政援助団体等監査に係る監査の結果に関する報告を作成し、議会、長及び関係のある委員会又は委員に提出するものとする。

2　監査委員は、前項の監査の結果に関する報告については、当該報告に添えてその意見を提出することができるとともに、当該報告のうち特に措置を講ずる必要があると認める事項については勧告することができる。

3　監査委員は、例月出納検査の結果に関する報告を作成し、議会及び長に提出するものとする。

4　監査委員は、決算審査、基金運用審査、健全化判断比率等審査及び内部統制評価報告書審査を終了したときは、意見を長に提出するものとする。

（監査等の結果に関する報告等への記載事項）

第15条　監査等の結果に関する報告等には、原則として次に掲げる事項その他監査委員が必要と認める事項を記載するものとする。

一　本基準に準拠している旨

二　監査等の種類

三　監査等の対象

四　監査等の着眼点（評価項目）

五　監査等の実施内容

六　監査等の結果

2　前項第六号の監査等の結果には、次の各号に掲げる監査等の種類に応じて、重要な点において当該各号に定める事項が認められる場合にはその旨その他監査委員が必要と認める事項を記載するものとする。

一　財務監査　略（図表 1-17 参照、以下同じ）

二　行政監査　略

三　財政援助団体等監査　略

　四　決算審査　略

　五　例月出納検査　略

　六　基金運用審査　略

　七　健全化判断比率等審査　略

　八　内部統制評価報告書審査　略

3　第一項第六号の監査等の結果には、前項各号に掲げる監査等の種類に応じて、重要な点において当該各号に定める事項が認められない場合にはその旨その他監査委員が必要と認める事項を記載するものとする。

4　監査委員は、是正又は改善が必要である事項が認められる場合、その内容を監査等の結果に記載するとともに、必要に応じて、監査等の過程で明らかとなった当該事項の原因等を記載するよう努めるものとする。

5　監査委員は、内部統制評価報告書審査においては、長による評価が評価手続に沿って適切に実施されていないと考えられる場合及び内部統制の不備について重大な不備に当たるかどうかの判断が適切に行われていないと考えられる場合は、その内容を記載するものとする。

■報告書に織り込む項目

　第15条の「監査等の結果に係る報告等」（以下、報告等）には、最低限6項目を入れる必要があるが、そのほか、監査を実施した場所（本庁、出先機関等）等は適宜追加して記載することが望ましい。

■監査等の結果・意見・勧告の関係

　2017（平成29）年の地方自治法改正により設けられた「勧告」も含め、今回の監査基準は、監査等の結果、表明する内容について整理を行っている。監査の観点（着眼点）については、図表1-17を参照されたい。

　「監査等の結果に関する報告」において、「監査等の結果」、「勧告」及び「意見」との関係は、図表1-20を参照されたい。「勧告」及び「意見」は、必要に応じて「監査等の結果」に加えて表明される。

図表1-20 監査等の結果、意見及び勧告の関係

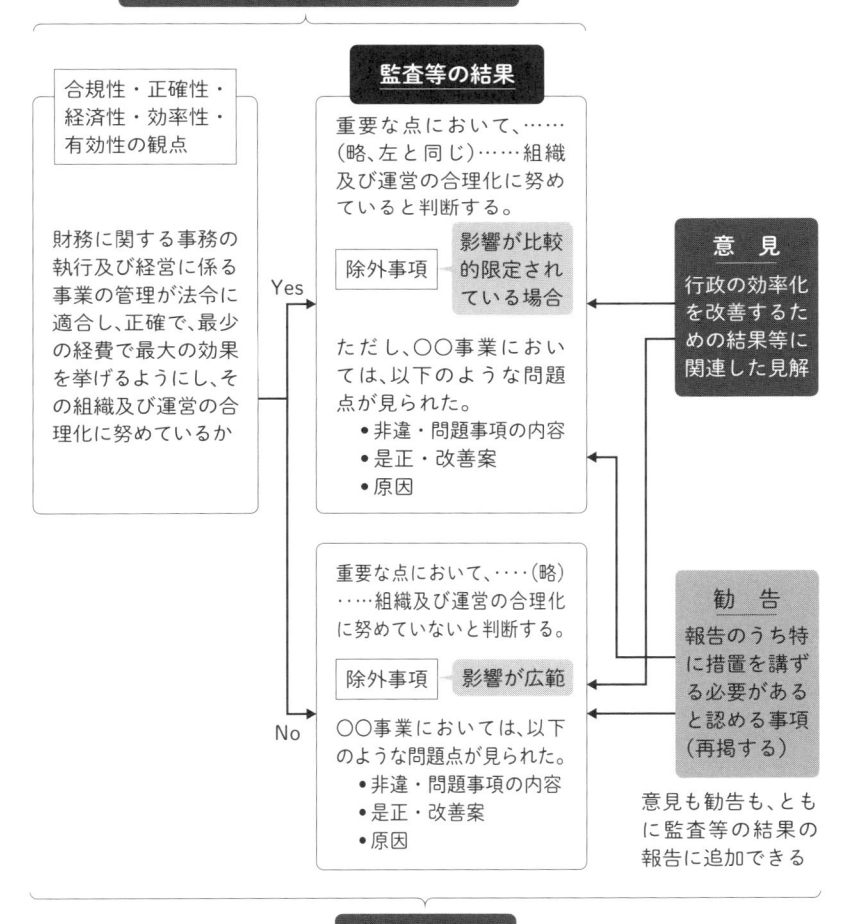

出所：監査基準（案）等をもとに作成。

　なお、監査委員は他の行政委員会と異なり、独任制の機関として構成されているが、監査の慎重な実施と社会的信頼性の確保のため、報告、意見及び勧告についての決定は合議制とされている。この場合、意見の不一致により合議により決定できない場合は、その旨及び当該事項についての各監査委員の意見を議会及び長等に提出するとともに、公表しなければならない（自第199条第13項）。

■監査等の結果の報告・意見・勧告と監査の指導的機能との関係

　実施要領「5.指導的機能」は、決算審査の過程において、決算その他関係書類と証拠書類の計算が符合しない場合、正確な計数への修正を求めたり、監査の過程で発見された内部統制の重大な不備や3E（経済性、効率性及び有効性）の観点から問題があると判断される事例について、是正改善を行うよう助言等を行い、指導的機能を発揮するよう努めることとしている。

　このように、監査の指導的機能は、監査等の実施過程で必要に応じて、是正または改善を行うよう助言等を行うこととされている。監査委員は、助言等を強制することはできず、助言等を受け入れるかどうかは、被監査機関の判断による。

　監査の本来の機能は、批判的機能であり、それを行使した結果を「監査等の結果」として記載する。図表1-20で示すように、それに加えて意見や勧告を提出することができるが、これらは、被監査機関の事業等の改善に資するために、批判的機能を発揮した結果とともに公表されるものである。

■重要性

　監査委員の実施する監査等のそれぞれの監査目的（図表1-17）について、「重要な点において」そのように認められる場合はその旨、同じく「重要な点において」認められない場合はその旨を記載することとされている。

　これまでの実務においても、些細な点については、口頭注意にとどめる等、監査委員の専門的判断により重要性の概念は適用されてきたものと考えられるが、この度、監査基準に「重要性」が明記された。

　「重要性」を適用するには、前述の監査委員の資質（誠実性等）、正当な注意義務及び専門的判断が必要であり、慎重な運用が求められる。監査の目的とされる内容（財務監査であれば、「財務に関する事務の執行及び経営に係る事業の管理が法令に適合し、正確で、最少の経費で最大の効果を挙げるようにし、その組織及び運営の合理化に努めているか」）について、様々な問題が発見されたにもかかわらず、「財務に関する事務の執行及び経営に係る事業の管理が法令に適合し、正確で、最少の経費で最大の効果を挙げるようにし、その組織及び運営の合理化に努めている」と表明することは、住民に重大な誤解を生じさせることになる。住民に周知してもらうべき事項があるのかどうか、本当にないのかどうか、監査委員の慎重な専門的判断が求められる。

　なお、企業の財務諸表監査の計画及び実施においても、これまで「重要性」という概念が適用されてきた。この場合の「重要性の基準」とは、監査計画の策定時に決定した財務諸表全体において重要であると判断する虚偽表示の金額をいう[31]。財務報告の適正性に関する監査報告においては、仮に虚偽表示があったとしても、この基準を下回る金額であれば、財務報告の利用者の誤った判断を導くことはないと考えられるため、適正と判断される。

　財務諸表監査以外の財務監査や「本章Ⅲ**4**(3)業績監査の要件」で述べる業績監査においても、「重要性」という概念は同様に解釈される。ただ、財

31）監査基準委員会報告書 320「監査の計画及び実施における重要性」第 8 項。さらに、未修正の虚偽表示と未発見の虚偽表示の合計が重要性の基準値を上回る可能性を適切な低い水準に抑えるために、重要性の基準値より低い「手続実施上の重要性」を設定するとされている。

務諸表が対象でない点が異なる。つまり、「財務事務が適正に執行されている」、あるいは「事務事業が経済的、効率的かつ有効に執行されている」との監査報告を行った場合、住民に誤解を与えない範囲の影響の少ない些細な事項に関しては報告しないでもよいという判断が可能である。

　一般に公監査においては、公金の適正な使用に係る厳格な説明責任が求められるうえ、遵守すべき法令規則も複雑多数あり、より高い透明性が求められることから、重要性の基準は金額及び質的基準双方とも低く考えるべきとされている[32]。法令規則・契約・補助金要綱への準拠違反、不正、権限濫用等は、僅少であったとしても「重要性」ありと考えるべきである。

　（公表）

第17条　監査委員は、次に掲げる事項を監査委員全員の連名で公表するものとする。

一　監査の結果に関する報告の内容

二　監査の結果に関する報告に添える意見の内容

三　監査の結果に関する報告に係る勧告の内容

　（措置状況の公表等）

第18条　監査委員は、監査の結果に関する報告を提出した者及び監査の結果に関する報告に係る勧告をした者から、措置の内容の通知を受けた場合は当該措置の内容を公表するものとする。

２　監査委員は、監査の結果に関する報告を提出した者及び監査の結果に関する報告に係る勧告をした者に、適時、措置状況の報告を求めるよう努めるものとする。

自第 199 条第 12 項により、監査の結果に関する報告を受領した者等が

---

[32] アメリカ会計検査院による政府監査基準（2018 年版）6.03（財務監査）、7.06（証明業務）。

措置を講じた場合は、監査委員に通知し、監査委員はこれに係る事項を公表しなければならないとされている。したがって、監査基準第18条第1項は、当該法律の条項を確認的に記載したものといえるが、第2項はさらに踏み込んだ規定となっている。措置は法律上強制はされていないが、監査の結果に関する報告を受領した者が、指摘事項等に対して真摯に取り組む責務を負うのは当然のことである。この規定は、措置が講じられなかった場合の措置の検討状況の報告を求めることも含めて、受領した者の対応状況をフォローアップすることを求めている[33]。

　この点については、実施要領8において、措置が十分でない場合には、必要に応じて、対象組織と意見交換を行い、改めて次年度の監査対象とすること、新たに勧告を行うこと、勧告において措置を講じる期限を設けること又は複数回勧告を行うこと等の必要な対応を講じることにより監査の実効性を高めることができるとしている。

　また、監査の結果及びその対応については、被監査機関だけでなく全庁的に共有することが各部局の主体的な業務の改善につながるとしている。

　なお、会計検査院は、検査報告の指摘事項について、①国等の損失は回復されたか、②再発防止のための改善策はとられたか、等の様々な観点からフォローアップを毎年行っている。監査を実効的なものとするためには、措置は必ず講じられる必要があり、またその措置の内容も適切なものかどうか、監査委員は検討する必要がある。措置の内容が不十分であったり、措置に従った改善状況を常に注視し、必要があれば再度監査で取り上げる等の対応が必要といえる。

33）「地方公共団体包括外部監査の「措置の状況」について」（日本公認会計士協会公会計委員会研究報告第15号（2007〈平成19〉年3月28日））では、アンケート調査の結果から、「包括外部監査の結果及び意見に対する措置については、地方自治法が意見に対しては措置を予定していないにもかかわらず、結果だけではなく意見に対しても各団体が自発的に前向きに取り組んでいる実態が伺われた」としている。このような優れた実務をフォローアップにより、さらに押し進めていくことが望まれる。

4 今回の改正の意義と課題

(1) 監査基準の必要性

①監査基準の位置付け

　一般に監査基準とは、監査人が前述の監査を実施する際に最低限遵守しなければならない規範を示すものであり、監査人の資格要件、具体的な監査実施の基準及び最終結果である監査意見の報告に関する基準等が含まれる。監査基準の意義は、それを遵守させることにより監査の一定の質を確保し監査への信頼性を付与するとともに、監査人の任務を限定し過度な責任を負うことのないようにすることにある。

　これについては、「監査基準(案)及び実施要領についての地方公共団体からの主な意見・質問 No.1（監査基準(案)はどのような位置づけのものなのか）」に対する「考え方」の中で、以下のように説明されている。

- 監査等を行うに当たって必要な基本原則である
- それにより監査等の質について一定の水準を確保することが可能となる
- 監査結果の比較可能性を担保し、客観的な評価を可能とする
- （結果的に）住民の監査等に対する信頼が高まることにつながる

　また、監査基準の必要性について、「現行の監査制度においては、監査に関する共通認識が確立されておらず、どのような観点で監査を行うか、監査、審査結果に何を記載するかなどについて統一的な考え方がないため、監査委員の個人任せの監査となっている、あるいは住民から見て客観的に評価することができない、こういった課題が指摘されている」との国会答弁が紹介されている[34]。

　監査基準(案)は、監査の質を高め、住民の監査に対する信頼向上を図るため、総務大臣の責務として監査に関する考え方を指針として示すもの

で、各地方公共団体は当該指針を踏まえた監査基準を策定することになる。

②統一的な監査基準は、地方自治に反するのか

　地制調での「監査基準」に係る争点の1つは、「統一基準は地方自治に馴染むのか」というものであった。つまり、監査基準を一律地方公共団体に適用するということは、地方自治にそぐわないのではないかといった意見が出された。今回の法律改正においても、総務省が指針を示し必要な助言を行い、それに基づいて各団体の監査委員が合議で監査基準を策定及び変更することとしている（自第198条の4第1項）。

　地方自治とは、各地方公共団体は自らの判断と責任により、地域の実情に沿った行政を展開していくことを指すと考えられる。結論的には、監査基準の不在が地方自治ではなく、また監査基準の制定が地方自治に反するわけでもない。監査を実施する主体である監査委員が自らの裁量で自由に監査基準を設定できるのは、逆に地方自治に反すると考えられる。統一的な監査基準は、本来監査を行う者が遵守しなければならない基本的な規範であり、これにより適格な者が適切な業務を実施することが確保されるのである[35]。監査基準の水準を超える地方公共団体独自の努力や工夫は、歓迎されるべきものである。しかし、もし監査基準の一部分を削除する等の乖離を設けようとする場合は、その理由を明確に住民に示し、乖離について賛同を得る必要が出てこよう。その意味で、今回示された監査基準(案)は、最低限遵守すべき規範といえる。

---

[34]　衆議院総務委員会（2017〈平成29〉年5月16日）総務省自治行政局長答弁。
[35]　地方公共団体の中には「監査基準は策定済み」としている団体が多い。しかしながら、ここでいう監査基準は、条例の下位にある細則的なものでも、個々の監査手続を規定したマニュアル的なものでもないことに留意されたい。

③法令の規定等との関係

　次に、「規範性を持つ法律があるにもかかわらず、さらに規範性を持つ監査基準が必要なのか」という疑問がしばしば投げかけられる。現在の地方自治法を頂点とする法律体系には、監査委員監査の内容について基本的な規定しか置かれておらず、その解釈は個々の団体に委ねられているのが実情である。法規定の運用のためのルールが必要なことはいうまでもない。さらに、企業監査における監査基準がそうであるように、いかなる監査の規範も社会経済情勢の変化に応じて弾力的に見直し、進化・発展させていかなければならない。このような変更を機動的に反映させるためには、法律という形式ではなく、監査基準として、独立した有識者や実務家等からなる専門的な組織で継続的に検証し、見直しを行っていく体制を採るほうがより適切である。

　さらに、地方公共団体にも都道府県と市町村の違いや規模等の多様性から、統一基準が適切なのかという疑問の声もある。しかし、民間企業の場合は、事業内容の多様性を前提にしながら、あらゆる企業監査に適用される根本原則としての監査基準が必要とされている。そのことからすると、より同質的な業務を行う地方公共団体に馴染まないとの意見は説得力に欠ける。

（2）監査委員監査の性質

①監査委員監査の目的

　監査とは、一般に、特定の組織の業務やその成果物が、遵守すべきルールや規範に準拠したものとなっているかどうかについて、業務の行為者や作成者とは異なる独立の立場にある第三者が検証する業務をいう。

　監査委員監査の目的は、不正または非違の摘発を旨とする点にあるのではなく、行政の適法性あるいは妥当性の保障にあるというべきであり、いかに公正で合理的かつ効率的な地方公共団体の行政を確保することができ

るかということが最大の関心事でなければならない。監査の過程において
は、非違をただし、不正を摘発する必要が生じるが、これは副次的な目的
であり、行政運営について監察的見地から検査し、成否を調べることに重
点が置かれるべきものであるとされている[36]。

②企業監査との違い

　地方公共団体の監査委員監査は、株式会社における監査役等による監査
に対比することができる（図表1-21）。

　企業の監査は、一般に「会計監査」と「業務監査」に大別されるが、大
会社[37]の場合、監査役等に加えて外部の会計監査人が選任され、会計監
査人が第一義的に「会計監査」に責任を負う。監査役は、その監査の手法

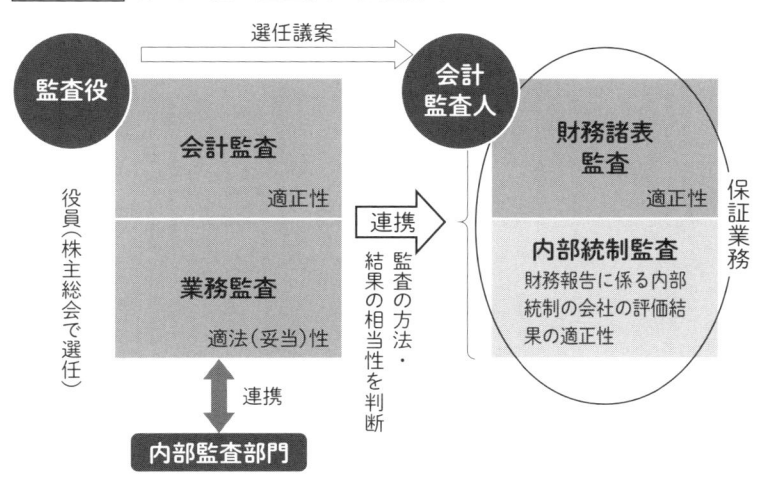

図表1-21　株式会社の監査役の位置付け

出所：会社法をもとに作成。

---

[36]「新版　逐条地方自治法」（第 9 次改訂版）第 199 条〔解釈及び運用〕（松本英昭著）。
[37] 2 資本金 5 億円以上あるいは負債 200 億円以上。

及び結果の相当性について意見を表明するにとどまる。つまり、会計監査は財務諸表監査を指し、外部の専門家を含め重層的に実施されているという意味で重きが置かれているといえる。

　それに比べて、地方公共団体の場合は、後述するように、財務諸表監査は存在しない。準拠性等を主眼とする財務監査のほか、業績監査にも重点が置かれるのが一般的である。この違いは、組織の存在目的や公金に係る説明責任に由来すると考えられる。外部監査人はあくまで監査委員の補完的機能を果たすだけであり、監査委員はまさに第一にガバナンスに責任を負う機関といえる。

③公監査の分類

　前述のように、企業監査というと財務諸表監査を連想するが、地方公共団体においてはそれがない。図表 1-22 の監査委員の財務監査及び行政監査は、監査対象が、財務事務か行政事務かという監査対象の違いによる分類である。それでは、監査委員監査はどのような監査の種類に該当するのであろうか。

　ここでは、まず国際的に一般に用いられている公監査の分類を紹介する。

　国際最高監査機関会議（the International Organization of Supreme Audit Institutions：INTOSAI) [38]では、図表 1-23 の 3 つに分類する。

　一方、アメリカ会計検査院（Government Accountability Office：GAO）による政府監査基準は図表 1-24 で示す 3 つに分類している。

　その他、主要先進国における公監査の分類は、概ね財務監査と業績監査の 2 つは区別されているのが一般的といえる。このうち、財務監査は財務諸表監査を含むが、それにとどまらず、財務諸表以外の財務情報を対象とする。

---

[38] わが国の会計検査院のように、公的部門の監査に責任を有する国の最高検査（監査）機関が組織する団体。

図表1-22　地方公共団体の監査委員の位置付け（図表1-21の監査役との対比）

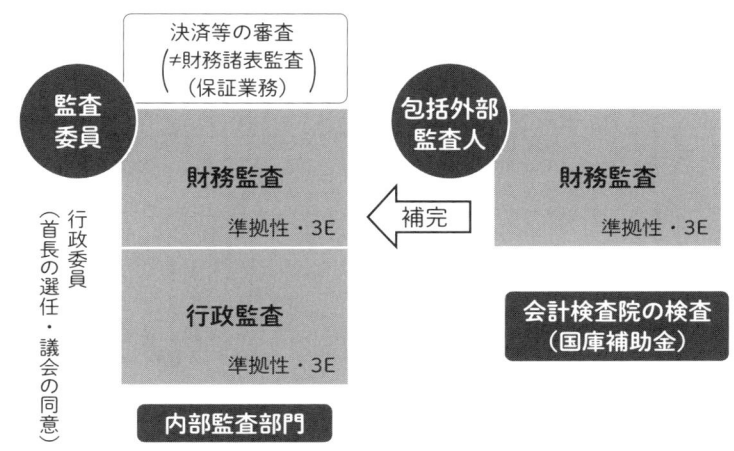

出所：地方自治法をもとに作成。

図表1-23　INTOSAIによる公監査の分類

財務監査	主体の財務情報が適用される財務報告及び法令により要請されるフレームワークに準拠して表示されているかどうかに焦点を当てる。これは、監査人が、財務情報に不正・誤謬による重要な虚偽表示がないかどうかについて意見を述べるために十分かつ適切な証拠を入手することにより行われる。
業績監査	介入（政府の関与）、政策、組織が3Eの原則に従って行われているか、改善の余地があるかどうかに焦点を当てるものである。業績は、適切な規準に照らして検証されなければならず、基準からの乖離や他の問題の原因は分析されなければならない。目的は主たる監査上の質問に答えることと改善勧告を提供することである。
準拠性監査	特定の主題情報が規準として特定される規定に準拠しているかどうかに焦点を当てる。準拠性監査は、活動、財務取引や情報がすべての重要な点において、被監査主体が準拠する規定に準拠しているかどうかを評価することによって行われる。これらの規定は、健全な公的部門の管理や官僚の行動を律するルール、法律・規則、予算、政策、確立した規範、合意された条件や一般的な原則を含む。

出所：ISAAI100 "Fundamental Principles of Public-Sector Auditing" para22.

図表1-24　GAOによる公監査の分類

財務監査	主体の報告された財務情報（財政状態、成果、資源の使用）について、特定の規準に準拠して、すべての重要な点において適正に表示されているかどうかについての独立した評価を行うものである。 以下の２つがある。 (1)財務諸表監査 (2)その他の財務監査：様々な範囲があるが、以下のようなものがある ●特定の一財務表、財務諸表の特定の構成要素、勘定、科目等についての意見を形成するもの ●引受人や特定の他の要求者に対してレター（通常コンフォートレターと呼ぶ）を発行すること ●政府プログラムの準拠性や内部統制に関する規定の監査 ●財務諸表監査と一体となった内部統制の監査
証明業務	財務或いは非財務的な主題情報或いはアサーション（経営者の主張）が適切な規準に従っているかどうかを測定・評価する業務。 保証のレベルの相違により、３タイプがある。 (1)検証（Examination）：主題が重要なすべての点において規準に準拠（適合）しているかどうか、或いは、経営者の主張が重要なすべての点において規準に準拠して表されている（公正に述べられている）かどうかについての意見を述べること (2)レビュー（Review）：実施した業務において、主題が重要なすべての点において規準に準拠（適合）していない、或いは、経営者の主張が重要なすべての点において規準に準拠して表されていない（公正に述べられていない）ことを示す情報が監査人の注意する限りには現れなかったという結論を述べるに足りる十分なテストを実施すること。 (3)合意された手続（Agreed-Upon）：主題に関して特定の手続を実施し、その手続の結果得られた発見事項について報告書を出すこと
業績監査	プログラムの有効性、経済性、効率性。内部統制、準拠性の評価、将来分析等の幅広い監査の目的に関して、十分かつ適切な証拠に基づき一定の規準に照らして、発見事項或いは結論を提供する業務

（注）●監査人は、内部統制や法令規則への準拠性の報告に当たってレビューレベルの業務をしてはならない。
　　　●「プログラム」という用語は、GASにおいて政府機関、組織、政策、活動、機能を含む用語として用いられている。
出所：2018年版GAO政府監査基準 1.17, 1.18, 1.21。

④特徴❶——合規性監査と3E監査

　前述のように、1952（昭和27）年８月の地方自治法の一部改正により、「監査に当たっては、当該普通地方公共団体の経営に係る事業の管理或いは出納その他経営の合理化に努め最小の経費で最大の成果を上げているかについて特に配慮すべき」（自第199条第３項）とされ、同時に「監査委

員は、監査の結果に基づいて必要と認めるときは、組織及び運営の合理化に資すため監査報告に添えて意見書を提出することができる」（自第199条第10項）とされた。この追加された一点目により、監査には、合規性や正確性に加え、能率性や合理性、すなわち、3E（経済性、効率性及び有効性）の観点が含まれることが明らかにされた。

　後者のような観点からの監査は業績監査に該当するといえる。業績監査とは、プログラム（政府機関、組織、政策、活動、機能等を指す）の有効性、経済性、効率性等につき、十分かつ適切な証拠に基づき一定の規準に照らして、発見事項あるいは結論を提供する監査であり、経営者やガバナンス及び監督に責任を負う者に客観的な分析結果を提供し、プログラムの成果や運用を改善し、コストを削減し、監視及び是正措置を推進する責任を有する者による意思決定を支援し、究極的にはパブリックアカウンタビリティに寄与するものである。

　一方で、図表1-24で示したGAOによる公監査の分類に従うと、決算審査や財務事務の監査のうち合規性を監査要点とする監査は、証明業務の一種とらえることができる[39]。

　このように考えると、わが国の監査委員監査の性質は、図表1-25のように整理できると考えられる。

図表1-25 わが国の監査委員監査の分類（私見）

監査委員監査	GAOの監査の分類
決算審査、財政健全化指標の審査、それ以外の監査で合規性・正確性を監査要点とするもの	証明業務（検証）
その他の監査（合規性、正確性以外を主眼とするもの）	業績監査

---

39) GAOによる「財務監査」の定義は、特定の規準に照らした「適正表示」に係る意見を述べるものとされている点で、決算審査等はこれに該当しないと考えられる。

⑤わが国の監査委員監査の特徴❷――財務諸表監査の不在

　前述のように、わが国の地方公共団体の監査においては、財務諸表監査は導入されていない。しかし、欧米先進諸国の地方公共団体では、独立した外部の会計監査人による財務諸表監査が普及している。

　わが国の地方公共団体への財務諸表監査の導入の可能性を考えた場合、以下のような点を考慮することが必要になる。

- 現在の修正現金主義に基づく制度会計による歳入歳出決算書について、法令規則等を規準とする「適正表示」を目的とする財務諸表監査を導入する必要があるのかどうか
- 将来的に地方公共団体において発生主義会計が普及した時点でそれに対する財務諸表監査が必要になるのか、その場合準拠すべき「一般に認められた会計原則」とは何なのか
- 財務諸表監査を実施する場合、監査委員監査で足りるのか、専門的な外部の会計監査人が関わる必要性が出てくるのかどうか

これらに対する回答は、現在の制度会計であれ、発生主義会計による財務諸表であれ、それらの財務書類がどのような役割を果たすのかといった利用の状況と利用者のニーズに基づいて判断されるものと考えられる。わが国においても地方公共団体の財務諸表が整備されかつ活用も進み、その信頼性への要請が高まってきた段階で、民間企業と同様の公認会計士監査が必要になるといえる。

（3）業績監査の要件

　図表 1-25 で示したとおり、わが国の現状の監査委員監査の大部分は、業績監査に分類されると考えられる。そこで、国際的に認知されている基準において、業績監査にはどのような要件が必要とされているのかという情報が参考になる。ここでは、GAO の政府監査基準から、主要なポイントを抽出して紹介する。

①業績監査の実施

　以下は、計画段階で明確に文書化しなければならない事項である。

ア　監査対象（audit objectives）（GAO政府監査基準8.08）

　監査が完遂しようとするものである。これには、監査主題事項（subject matter、例：○○が）と業績部分（例：○○である（か））を明確に含める。監査対象は、特定のプログラム（政策）に関し、質問の形式をとり、それに関連して得られた証拠を一定の規準に照らして評価することにより回答を得る形をとることもある。

イ　監査リスク（audit risk）（GAO政府監査基準8.16）

　監査リスクとは、監査人の発見事項、結論、勧告、あるいは保証内容が、不適切あるいは不完全となる可能性をいう。その原因としては、監査証拠が十分かつ適切ではない、監査プロセスが不適切である場合のほか、情報が誤って表示されるか、意図的に省略あるいは不正によりミスリーディングな表示になっていたりすることが挙げられる。

　監査リスクは、業務範囲を増やす、専門家の追加、レビューワーの増員、その他監査資源の投入、追加的な証拠やより高品質の証拠等を得ることにより減じることができる。

ウ　重要性（significance）（GAO政府監査基準8.15）

　実施する監査業務の種類と程度の決定、監査業務の結果の評価、報告、発見事項及び結論の作成時等、業績監査を通じて監査人が検討する場合に、質的及び量的双方の側面における事項（matter）の相対的重要性と定義される。具体的には、当該問題の、監査の主題との関係における大きさ、性質、効果、目的適合性、客観的な第三者のニーズや利害、監査対象となるプログラムや活動に対する影響等である。監査目的に関連する事項

の重要性の評価に当たっては、監査人は専門家としての判断を行使する。

　業績監査における重要性（significance）という文言は、財務諸表監査において用いられる「重要性（materiality）」に相当する。

エ　範囲（scope）と方法論（methodology）（GAO政府監査基準8.10, 8.12）

　範囲は、監査の境界線であり、監査人が評価し報告しようとする主題事項を明確に特定するものであり、特定のプログラムあるいはプログラムの一部、必要な文書や記録、レビューされる期間、場所等である。

　方法論は、監査目的を達成するために証拠を集め分析する監査手続の性質及び程度を記述するものである。監査手続とは、監査目的を達成するために監査人が実施する特定の手順及びテストである。監査人は、監査目的に関連して発見事項や結論の根拠となる証拠が十分かつ適切であるという合理的な保証を得、監査リスクを受容可能なレベルまで減じるために方法論をデザインしなければならない。

オ　規準（GAO政府監査基準8.17-18）

　規準は、プログラムや事業に関して、要請されるあるいは望ましい状態や期待の水準を表すもので、証拠の評価等の場面で用いられる。

　規準の例としては、次のようなものがある。

- 法令規則
- 被監査主体が設定した目標、方針、手続
- 技術的な基準
- 専門家の意見
- 前年度の成果
- 明確に定義された実務慣行
- 契約、補助要綱
- ベンチマークで、これに対して業績が比較され評価されるもの

②業績監査の報告

　業績監査の報告書には、図表1-26の内容を明確に記載しなければならない。

　業績監査の結果に係る報告書の記載に当たっては、正確性（accurate）、客観性（objective）、完全性（complete）、説得性（convincing）、明瞭性（clear）、簡潔性（concise）、適時性（timely）を備えることが要求される（GAO政府監査基準9.17）。

図表1-26　監査報告書の様式

- 監査対象
- 範囲
- 方法論
- 結果（発見事項、結論、勧告を含む）
- 被監査機関の見解の要約

（注）このほか、秘匿性の高いあるいはデリケートな情報で省略されたものがあれば、その性質も記載するとされている。
出所：GAO政府監査基準9.10。

（4）より信頼性の高い結論を導くために――「保証」業務に関する議論

　図表1-27は、2013（平成25）年3月に公表された地方公共団体の監査制度に関する研究会報告書の参考資料の1つである。この中で、「保証型」あるいは「指摘型」という文言が出てくる。今回の監査基準（案）等の中には、「保証型」あるいは「指摘型」という文言は使われていないが、このような分類について、以下考察したい。

　保証業務とは、「主題に責任を負う者が一定の規準によって当該主題を評価または測定した結果を表明する情報について、または、当該主題それ自体について、それらに対する想定利用者の信頼の程度を高めるために、業務実施者が自ら入手した証拠に基づき規準に照らして判断した結果を結論として報告する業務」をいう[40]。

---

[40] 企業会計審議会「財務情報等に係る保証業務の概念的枠組みに関する意見書」（2004〈平成16〉年11月29日）における定義。

図表1-27 2013（平成25）年の研究会報告で示された**監査の分類案**

監査の種類	監査の契機	監査の目的		着眼点	類似機能
財務監査（定期）（随時）	義務（年度1回）任意	財務の事務執行が法令に則って適正に行われていることを担保	指摘型保証型	合規性・3E	包括外部監査
行政監査（随時）	任意	事務執行が法令に則って適正に行われていることを担保	指摘型	合規性・3E	議会、行政評価
財援団体等監査	長の要求・任意	財政援助団体等の出納その他の事務で財政援助等に係るものが適正に行われていることを担保	指摘型	合規性	長
指定金等監査	長の要求・任意	指定金等が扱う公金の収納・支払事務の適正さを担保	指摘型	合規性	会計管理者
決算審査	義務（年度1回）	会計管理者の調製した決算の正確性を担保	保証型	正確性	
例月出納検査	義務（月1回）	会計管理者の現金の出納の正確性を担保	保証型	正確性	
基金運用審査	義務（年度1固）	長の基金の運用の正確性を担保	保証型	正確性	
健全化判断比率審査	義務（年度1回）	長の計算した健全化判断比率の正確性を担保	保証型	正確性	個別外部監査
直接請求監査	住民の請求	住民の請求により事務執行を監査し住民自治を保証	指摘型	合規性・3E	個別外部監査
住民監査請求	住民の請求	住民の請求により財務の事務執行を監査し住民自治を保証　住民訴訟の前置機能	指摘型	合規性	個別外部監査
長の要求監査	長の要求	長の要求により事務執行を監査し長に政策判断の材料を提供	指摘型	合規性・3E	個別外部監査
議会の請求監査	議会の請求	議会の請求により事務執行を監査し議会に政策判断の材料を提供	指摘型	合規性・3E	個別外部監査
職員賠償責任監査	長の要求	職員の賠償責任の有無及び額の決定	指摘型	合規性	

出所：地方公共団体の監査制度に関する研究会報告書参考資料14。

　「保証型」か「指摘型」かという監査（検査）の分類の仕方は、国際的に みても一般的ではない。また、それぞれの定義は明確ではない。図表 1-27 では、決算審査、健全化判断比率審査等が「保証型」と記載されている。 これらから推測すると、対象が決算数値やそれから導かれる指標等特定の 対象物に対して正確（あるいは適法）かどうかという判断を下す監査等を 「保証型」と捉えているようにみえる。

　一般に、監査組織の実施する業務は保証業務か非保証業務かに分類され る。「監査」に該当する限り、保証業務に該当する。財務諸表監査以外の 財務監査及び業績監査も保証業務に属する。つまり個々の取引や業務内容 を検証することにより、監査対象が適法か（合規性）、3E（経済性、効率 性及び有効性）についての意見や結論を述べるのが保証業務である。検証 した取引等に係る問題点が指摘されていることをもって、当該業務が「保 証業務ではない」とは判断できない[41]。

　ただし、保証業務を提供するためには、いくつかの条件が満たされる必 要がある。独立性、その他の法的・倫理的要件、品質管理の体制等が整っ ていなければならない[42]。そのようなことから、現時点では、監査委員監 査が厳密な意味での「保証業務」に該当するとは考えにくいが、監査の結 果の利用者がより信頼性のある情報を得て意思決定できるように、将来的 には「保証業務」に進化させるための環境整備が望まれる。

---

[41] アメリカ公認会計士協会（the America Institute of Certified Public Accountants）に よる「公認会計士の提供するサービス」では、保証業務を「利用者の意思決定に役立つよ う、公認会計士（Certified Public Accountant；CPA）が主題情報（例：財務諸表）に 対して、意見或いは結論を表明する報告書を提出する業務」として、非保証業務（特定の 手続のみを行う「合意された手続」等）と区別している。

[42] 企業会計審議会「財務情報等に係る保証業務の概念的枠組みに関する意見書」（注 49 参 照）では、「保証業務の前提条件」として 3 つを挙げている。要約すると、業務実施者の （1）職業倫理等の充足、（2）業務遂行能力、（3）責任の範囲の明確化。わが国では、保証業 務は公認会計士の独占業務とされている。

（5）監査組織のあり方——行政委員としての現状の組織

　監査委員は行政委員会の 1 つとされる。戦後の地方自治制度における執行機関の組織についての特色は、長が直接公選制とされていることのほか、執行権限が一の機関に集中されることなく、行政機能の種類及び性質に応じて、多くの独立の執行機関が設けられ、しかもそれらの機関の多くは、合議制の委員会としての構成がとられていることであるとされている。これは、権力の集中を排除し、行政運営の公正妥当を期するとともに、複数の委員による機関により行政の民主化を確保しようとするものであるといえる（執行機関の多元主義）[43]。この種の行政事務の執行のための合議制の委員会を、通常行政委員会と呼んでいる。行政委員会または委員を設置するには、必ず法律をもってしなければならない（自第 138 条の 4 第 1 項）。

　行政委員会の委員または委員は、法律に特別の定めがあるものを除くほか、非常勤とされる（自第 180 条の 5 第 5 項）。非常勤の委員会の委員または委員は、地方公務員法上の特別職としての身分を有する（地公法第 3 条第 3 項第 2 号）。

　将来検討すべき課題として、監査の主たる担い手として行政委員会という組織形態が相応しいかどうかという点である。特に現行制度においては、前述のとおり監査委員事務局の独立性・専門性に問題がある。

　第 2 章で紹介するように、アメリカでは、各州は、独立性・専門性を有した大規模な監査組織を有しており、州及び州内の地方政府の監査に従事している。また、イギリスでは、外部監査人が任命され、各種監査に従事している。

　第 31 次地制調においても、「監査委員の公選制」や「監査委員を立法府（議会の下）に設置する」といった意見も出された。監査の在り方については、単に監査委員の選任方法や位置付けだけでなく、監査組織をいかに充実させていくかという事項と併せて検討しなければならない課題と考えられる。

---

[43]「新版　逐条地方自治法」（第 9 次改訂版）（松本英昭著）第七章　執行機関から抜粋。

アメリカの公的部門における内部統制及び監査制度

　アメリカは、50 州からなる連邦国家である。一般に連邦国家とは、「複数の州又は国家が結合し、全体を包括する 1 つの国家として形成されたもの」をいう。独立戦争の結果、1783 年にイギリスから正式に独立したアメリカは、南北戦争による国家分裂の危機を乗り越え、広汎な権限を有する州の緩やかな連合体としての妥協の道を選んだ。州相互間や外国との商取引の規制や軍事に関わる事項等、合衆国憲法に限定列挙されていない権限は州政府に属するとされている。合衆国憲法は、地方自治制度に関して特段の規定を持たず、各州の権限として留保されている。国内の政府組織は、連邦政府、州政府及び地方政府の 3 層構造となっているが、このうち地方政府は州の「創造物」とされ、各州の憲法・法令等で設立されるため、地方自治制度も各州によって異なっている。

　このような状況にもかかわらず、地方公共団体[1]の会計及び監査の分野では、一般に認められた基準が全国統一的なものとして確立している。

　本章では、アメリカの公的部門における内部統制及び監査制度のうち、わが国の参考になると考えられる四点を取り上げる。

　第一点として、連邦管理者財務保全法（the Federal Managers Financial Integrity Act：FMFIA）が求める内部統制に係る連邦政府の管理者による報告制度を概観する。アメリカにおいても、内部統制に係る経営者報告書では、ほとんど例外なく事業体の公表財務諸表の作成に対する内部統制、すなわち財務報告の信頼性に係る内部統制に限定されてきた[2]。ただ、政府部門においては、内部統制の他の領域についても進展がみられる。

　第二点目として、地方公共団体における統一的な監査基準の内容及びそ

---

1) 本書では、州及び地方政府を総称して「地方公共団体」としている。
2) 「内部統制の統合的枠組み　外部報告編」208頁。これによると、当該報告で示された「内部統制上の重大な欠陥」という概念は、財務報告に対する内部統制に関する報告に適用されるもので、これを法令遵守に対する内部統制について報告する場合は、新たな基準が必要となるとしている。

の形成に至る歴史を概観する。その関連で、単一監査法において要求されている監査（財務報告の信頼性以外の内部統制に係る監査を含む）制度を取り上げる。

　第三点目として、地方公共団体の透明性の向上に寄与する一般に認められた会計原則（Generally Accepted Accounting Principle：GAAP）の役割を考察し、その機能が発揮されている地方債市場の状況について概観する。

　第四点目として、州レベルで行われている業績監査について、ワシントン州の例を紹介する。

I

連邦政府の管理者による
内部統制に係る報告制度

1 連邦政府における内部統制の要請

（1）法律及び基準

　アメリカ連邦政府機関に対して、初めて内部統制の導入が法定されたのは、1950年会計及び監査法（the Accounting and Auditing Act）の制定に遡る。1982年FMFIAは、1950年会計及び監査法をさらに実効的なものとした。その前年、1981年には、管理予算庁（Office of Management and Budgeting：OMB）通達A-123「内部統制システム」が、1983年には会計検査院から「連邦政府内部統制基準」が公表され、以来、FMFIA、OMB通達A-123、内部統制基準の3つが、幾度の改訂を経ながら内部統制制度の核として機能してきた。

① 1982年FMFIA

　1950年会計及び監査法は、各連邦政府機関の長に対し、会計及び内部統制システムを整備し維持することを義務付けたが、実効性に欠いた。そこで修正後の1982年FMFIAは、行政府における内部統制[3]の適切性に関して継続的な評価と報告等を義務付けることとした。具体的には、図表2-1の条文が追加され、前述のように、法律、ガイドライン、基準の3本柱

図表2-1　1982年FMFIA（関連部分）

本法は、1950年会計及び監査法を修正し、行政府内部の会計及び管理に係る統制システムの適切性に関して継続的な評価と報告等を義務付けるもの
（以下の条文を追加）

(d)(1)

(A)本節(a)(3)の要件の順守を確実にするため、各行政機関の組織内部の会計及び管理に係る統制システムは、会計検査院長が規定する基準に合致する形で確立されなければならない。そして以下について合理的な保証を提供しなければならない。

(i)債務と費用が適用される法律に合致していること

(ii)資金、資産、その他の財産が、浪費や損失、不正使用、配分誤りのないよう保全されていること

(iii)行政機関の業務に関する歳入と歳出が適切に記録及び会計処理され、信頼できる財務及び統計報告が作成され、資産に係る説明責任が維持できるようになっていること

(B)会計検査院長が規定する基準は、全ての監査発見事項に対する迅速な対応を確保するための基準を含む。

(2)1982年12月31日までに、OMB長官は、会計検査院長と協議の上、行政機関が自らの組織内部の会計及び管理に係る統制システムが、パラグラフ(1)の要件を満たすシステムであるか否かの判断を行うための評価のガイドラインの策定を行う。長官は、会計検査院長と協議の上、必要がある場合には随時ガイドラインを修正できる。

(3)1983年12月31日までに、そして次年からは同日時までに、各行政機関の長は、パラグラフ(2)に示されたガイドラインに沿った評価基準により、(A)行政機関の組織内部の会計及び管理に係る統制システムがパラグラフ(1)の要件に十分に従っている、或いは(B)十分に従っていないことを記述した報告書を作成することとする。

(4)機関の長が、パラグラフ(3)(B)に示される報告書を作成する際に、当該機関の組織内部の会計及び管理に係る統制に重大な不備があることが判明した場合には、是正計画及びスケジュールを記載した報告書を提出する。

(注)下線部は後述の内容に関連する部分として筆者が付したもの。
出所：1982年FMFIA。

が明確に規定されている。

②連邦政府における内部統制基準

　図表2-1のFMFIAにより、会計検査院長は、連邦政府の内部統制の基準を公表することを義務付けられている。これが、連邦政府における内部統制基準（Standards for Internal Control in the Federal Government、以下、

グリーンブック）である。ここにおける内部統制は、業務、報告、法令遵守のすべての目的を網羅している。

　グリーンブックによれば、内部統制とは、「主体の監視機関、経営者及びその他の職員によって構築される主体の目的を達成するための合理的な保証（reasonable assurance）を提供するプロセスのこと」とされている。また、内部統制システムとは、「主体の目的を達成することについて絶対的保証ではなく合理的保証を与えるために人々によって構築される、業務に間断なくビルトインされた要素」とされている、

　主体の目的とこれに関連するリスクは以下の3つのカテゴリーの1ないしは2つ以上に分類される。

- 業務：効率的かつ有効な事業
- 報告：内部及び外部資料の報告の信頼性
- 法令遵守：適用される法令規則の遵守

COSO は 2013 年に内部統制ガイドラインを更新し、「改訂内部統制―統合的フレームワーク」を公表した。改訂版 COSO は、内部統制の5つの構成要素（component）（図表 2-2）に関連して原則という概念を導入したが、これに対応して 2014 年版グリーンブックもこれらの原則（principle）を取り入れ、連邦政府の環境に合わせて規定している。

　また、改訂版 COSO 及びグリーンブックは、内部統制の有効性評価についても規定している。

　まず、内部統制が「有効」であると判断できるのは、

- 5つの構成要素が有効にデザイン（design）され、適用（implement）され、運用（operate）されている

かつ、

- 5つの構成要素が統合された形で機能していること

の2つがともに充たされた場合に限られる（グリーンブック OV3.02）。

　内部統制が有効かどうかを判断するために、経営者は5つの構成要素と

図表2-2 内部統制の構成要素別の原則と着眼点

【統制環境】

原　則	着眼点
1. 監視機関及び経営者は誠実性と倫理的価値についての関与を明示する。	• トップの気風 • 行動基準 • 行動基準の遵守
2. 監視機関は主体の内部統制システムを監視する。	• 監視構造 • 内部統制システムの監視 • 不備の是正のためのインプット
3. 経営者は、組織目的を達成するために、組織構造を確立し、責任を配分し、権限を委譲する。	• 組織構造 • 責任の配分と委任 • 内部統制システムの文書化
4. 経営者は従業員の採用、能力開発、能力の維持について関与する。	• 能力に対する期待 • 従業員の採用、能力開発、能力維持 • 引き継ぎ、緊急事態、準備
5. 経営者は従業員の内部統制に関する責任に対して、業績評価を行い、各人に説明責任を果たさせる。	• 説明責任の遂行 • 行き過ぎたプレッシャーの考慮

【リスク評価】

原　則	着眼点
6. 経営者は目的を明確に定義し、リスクを特定し、それに対する許容度を明確にする。	• 目的の定義 • 許容度の定義
7. 経営者は、定義された目的を達成するのに障害となるリスクを識別・分析し、対応策を講ずる。	• リスクの識別 • リスク分析 • リスク対応策
8. 経営者は、リスクを識別・分析し、対応するに当たって、不正の可能性を考慮する。	• 不正のタイプ（虚偽表示・資産の流用等） • 不正リスクの要素（動機、プレッシャー・機会・正当化） • 不正リスクへの対応
9. 経営者は内部統制システムに影響を与えうる重要な変化を識別し、分析し、対応する。	• 変化の識別 • 変化の分析と対応

【統制活動】

原　　則	着眼点
10.　経営者は、目的達成及びリスク対応のために、統制活動をデザインする。	• 目的及びリスクへの対応 • 適切なタイプの統制活動をデザインする • 様々なレベルでの統制活動をデザインする • 権限の分散
11.　経営者は、目的達成及びリスク対応のために、情報システムとそれに関連する統制活動をデザインする。	• 組織の情報システムのデザイン • 適切なタイプの統制活動のデザイン • 情報技術インフラのデザイン • セキュリティ・マネジメントのデザイン • 情報技術の取得・開発及び維持のデザイン
12.　経営者は、明確化された方針に沿って統制活動を実践する。	• 方針に沿った責任の文書化 • 統制活動の定期的なレビュー

【情報と伝達】

原　　則	着眼点
13.　経営者は、主体の目的を達成するために、高品質の情報を利用する。	• 情報に係る規定の識別 • 信頼できる情報源からの目的適合的なデータ • データの高品質な情報への加工
14.　経営者は、主体の目的を達成するために、必要な高品質の情報を内部に伝達する。	• 組織内でのコミュニケーション • 適切なコミュニケーションの方法
15.　経営者は、主体の目的を達成するために、必要な高品質の情報を外部に伝達する。	• 外部利害関係者とのコミュニケーション • 適切なコミュニケーションの方法

【モニタリング】

原　　則	着眼点
16.　経営者は内部統制システムを監視し、その結果を評価するために監視活動を確立し運用する。	• ベースラインの設定 • 内部統制システムのモニタリング • 結果の評価
17.　経営者は内部統制の欠陥が発見された際には適時に是正する。	• 発見事項の報告 • 発見事項の評価 • 是正措置

(注)各原則に、複数の着眼点（attribute）が記載されている。着眼点とは、各原則をより正確に説明するために付されたものであり、追加的な情報提供や文書化の要請を含む。
出所：グリーンブックをもとに作成。

17の原則に係るデザイン、適用、運用が有効であるかどうかを評価することになる。原則のいずれか1つでも有効でなければその構成要素は有効ではなく、構成要素のうち1つでも統合された形で運用されていなければ、内部統制は有効とはいえない（グリーンブック OV3.03）。

　内部統制の評価は、前述の内部統制の「デザイン」、「適用」、「運用」の3局面で有効性を判断する（グリーンブック OV3.04）。

　経営者は、評価の過程で識別された不備の重要度を評価する。重要度とは、主体が定義された目的を達成するのに影響する度合いである。

　不備の重要度を評価するに当たって、主体レベルと取引レベルの双方での影響度、さらに影響度だけでなく、発生の頻度、不備の性質も勘案する（グリーンブック OV3.08）。また、個別の影響だけでなく、累積的な影響、異なる不備間の相互作用も考慮する必要があるとしている（グリーンブック OV3.09）。

（2）ガイドライン

①OMB通達A-123の趣旨

　OMB通達A-123とは、FMFIAに基づき、OMBが示した内部統制を評価し報告するためのガイドラインである。1981年には、OMB通達A-123「管理者の説明責任と統制」が公表され（その後1995年に修正）、2004年には名称が「管理者の内部統制に係る責任」に変更された。

　2016年の改定により、OMB通達A-123は「全社的リスクマネジメントと内部統制に係る経営者の責任」[4]という名称になり、全社的リスクマネジメントについてのセクションが冒頭に新しく設けられ、それに内部統制に係る規定が続く形となった。

---

[4] Management's Responsibility for Enterprise Risk Management and Internal Control.

　2016 年 OMB 通達 A-123 は、改訂前と比べて、より 3 つの内部統制の目的のバランスに配慮された形となっており、「内部統制に係る報告」及び「財務管理システムに係る報告」の 2 つの報告書をまとめて年次財務報告等の中で公表することを求めている。

ⅰ）内部統制に係る報告書

　FMFIA セクション 2 は、各行政府組織の長に、年次で大統領及び議会に対して、「組織の内部統制が意図された目的を達成しているという合理的な保証が得られたかどうかについての報告書」を提供するよう求めている。これが、「保証報告書（Statement of Assurance）」と呼ばれるものである。保証報告書は、組織の長による、組織内の「業務」、「報告」、「法令遵守」に関連した内部統制の全般的な適切性及び有効性に関して、十分な情報を得たうえでなされた判断を指す。

　報告書は、以下のいずれかの形式をとる。

- 無限定保証報告書：報告すべき重要な欠陥[5]や法令遵守違反がない
- 限定付保証報告書：例外を明示（1 以上の報告すべき重要な欠陥あるいは法令遵守違反）
- 保証の不表明：プロセスが実施できなかったか、全般に重要な欠陥がある状態

　無限定保証報告書以外の場合、保証報告書には、組織の統制の重要な欠陥に係る報告が含められる。

ⅱ）財務管理システムに係る報告書

　FMFIA セクション 4、連邦財務管理改善法（Federal Financial Management

---

[5]　不備は 3 段階あるとされている。本書では、大きい順に、material weakness（重要な欠陥）、significant deficiency（重大な不備）、deficiency（不備）と訳している。

Improvements Act：FFMIA）セクション 803(a)及び OMB 通達 A-123 付録
D「1996 年連邦政府財務管理改善法への準拠」によって連邦政府機関に要
請される、連邦政府会計基準を含む財務管理に係る諸規定への準拠状況に
係る報告書である。具体的には、発見された準拠性違反をリストアップし、
遵守に向けた財務管理システムの改善計画を記述しなければならない。ここ
でいうシステムとは、財務システムと財務に関連する複合システムをいう。

②OMB通達A-123で示された内部統制の評価及び報告例

　前述の内部統制の評価は、組織の目的ごとに、各構成要素の「原則」に
沿って実施される。評価に当たっては、前述のグリーンブックに規定する
方法に従い、後述する根拠資料を利用して行う。

　図表 2-2 の統制環境の原則（1 〜 5）に従った評価例は、OMB 通達 A-123
で図表 2-3 のように示されている。

　評価の結果、構成要素「統制環境」の評価は「有効でない」となる。

　経営者は、前述の要約表から、認められた不備により、2 つの原則が有
効に設計、適用及び運用されていないとし、統制環境は有効に設計、適用
及び運用されていないと結論付けた。各原則は、関連する構成要素の設
計、適用及び運用の有効性を支えるものである。前述のグリーンブックの
規定に従い、1 つでも原則が有効でないならば、経営者はその構成要素が
有効とは結論付けることはできないとしている。

　図表 2-3 の例では、経営者は統制環境が有効に運用されていないと結論
付けたため、図表 2-4 のように、全般的な内部統制システムは有効に運用
されていないとの評価となり、機関レベルでの内部統制の重要な欠陥
（material weakness）が報告されることになる。

　OMB 通達 A-123 は 3 段階の内部統制の不備を示している（図表 2-5）。

　なお、「重要な欠陥（material weakness）」として、年次財務報告等で国
会や OMB に報告する必要のある内部統制の不備に該当するかどうかの判

図表2-3 OMB通達A-123で示された評価例―統制環境

原　則	内部統制の不備の要約	設計・実践	有効な運用
原則1 (誠実性と倫理 的価値)	● 政府機関の倫理研修プログラムは、行政府における倫理基準を遵守する重要性を全職員に知らしめるのに不十分である。 ● 政府機関は、職員の利益相反の可能性を発見し是正する手続をとっていない。 ● 経営者は、原則は有効に設計、適用、運用されていないと結論付けた。	No	有効でない
原則2 (監視)	● 上級経営会議によるリスク評価と是正計画のレビューが文書化されていないため、内部統制の不備が認められた。 ● 経営者は、内部統制に不備があるものの、不備の程度と代替的な統制手法を評価した結果、原則は有効に設計、適用、運用されていると結論付けた。	Yes	内部統制の不備、代替措置により有効
原則3 (組織構造・権限)	● 監督と統制構造が事業の変化に追いついていないため、内部統制の不備が認められた。 ● 認められた不備は、機関の狭い範囲にしか影響を及ぼさないため、経営者は、原則は有効に設計、適用、運用されていると判断した。	Yes	同上
原則4 (能力開発)	● 内部統制の不備は認められなかった。 ● 経営者は、原則は有効に設計、適用及び運用されていると結論付けた。	Yes	有効
原則5 (説明責任)	● 経営者は、上級経営委員会からの監督を受けながら、有効な是正措置をとっていないため、内部統制の不備が認められた。 ● 経営者は、原則が有効に設計、適用及び運用されていないと結論付けた。	No	有効でない
(結論)			
統制環境		No	有効でない

出所：OMB通達A-123 Table3 Illustrative Internal Control Evaluation-Control Enviroment, Table4 Principle and Component Evaluation. をもとに作成。

図表2-4 OMB通達A-123で示された評価例—統制

システムの評価	設計・適用	運用の有効性
統制環境	No	有効でない
リスク評価	Yes	有効
統制活動	Yes	有効
情報とコミュニケーション	Yes	有効
モニタリング	Yes	有効
すべての構成要素は統合された形で協働しているか	No	有効でない

内部統制システムの全般的な評価	
全般評価	運用の有効性
内部統制システムは、総合的に有効か	有効でない

出所：OMB通達A-123 Table5 Overall Assessment of a system of Internal Control.

断については、図表2-6のような重要性の判断の目安を記載している。

③内部統制の評価の根拠

　経営者が前述のような内部統制の評価報告書を作成するには、単に自ら
が特別レビューをするだけでなく、内部監査、専門チームのレビューや監
査等の保証業務の結果からなる様々な情報をすべて考慮しなければならな
い[6]。利用可能なこれまでの他の法令等により積み重ねられてきたガバナ
ンス強化の成果には以下のようなものがある。

　第一に、政府業績成果法（Government Performance Result Act：GPRA、
以下、1993年GPRA）による年次業績計画、報告、戦略レビュー、プログ
ラム評価が挙げられる。その後、2011年施行されたGPRA近代化法（GPRA
Modernization Act of 2010）は、重点課題の設定、目標達成のための組織横

---

[6]　経営者は、自らの日常的監視と、内部あるいは外部資源によってなされる独立的評価とに
　　よって、統制の不備を評価するとされている（グリーンブック OV3.07）。

図表2-5 OMB通達A-123で示された3段階の内部統制の不備

不備の程度	定　義	報　告
内部統制の不備（deficiency）	内部統制のデザイン、実践あるいは運用に不備があり、経営者あるいは職員が通常のアサインされた機能を果たす過程において、統制目的が達成できず、関連するリスクに対処できない状態をいう。 ● デザインの不備とは、内部統制の目的を達成するために必要な統制がないか、既存の統制が不適切にデザインされているため、統制がデザインされたように運用されたとしてもその目的が達成されない場合をいう。 ● 適用の不備とは、内部統制システムにおいて、適切にデザインされた統制が適切に適用されない場合をいう。 ● 運用の不備とは、適切にデザインされたコントロールがそのとおりに運用されていないか、運用に当たる人がその統制を有効に機能させるために権限がないか、十分な能力がない場合をいう。	● 組織内で処理され、外部には報告されない。 ● 是正行動計画の進捗状況は、定期的に評価され経営者に報告されなければならない。
内部統制の重大な不備（significant deficiency）	重要な欠陥よりは重要度は低いが、ガバナンスに責任を負う者の注意を喚起する価値のある内部統制上の重要な不備、あるいはその組合わせのことである。	● 組織内で処理され、外部には報告されない。 ● 是正行動計画の進捗状況は、定期的に評価され経営者に報告されなければならない。
内部統制の重要な欠陥（material weakness）	政府機関の長が、政府機関の外部に報告すべきと判断する程度に重要性を持つ「重大な不備」。グリーンブックによれば、関係する原則や構成要素が満たされない場合は、重要な欠陥となる。	● 重要な欠陥と是正行動の要約は、年次成果報告書等によってOMBと国会に報告されなければならない。 ● 是正行動計画の進捗状況は、定期的に評価され経営者に報告されなければならない。

出所：OMB通達A-123 Table6 Summary of OMB Circular No. A-123 Reporting Requirements.

図表2-6 重要な欠陥の判断の目安

内部統制の目的	重要な欠陥に該当する事態の例示
業　　務	• 主体レベルの統制の有効な運用に影響を与える状態 • 重要な業務や使命の達成に影響を与える状態 • 一般市民から必要なサービスを奪う状態 • 資金、財産その他の資産に係る不正、浪費、損失、権限濫用、誤配分、利益相反
報　　告	• 内部あるいは外部の意思決定への影響が大きい内容
財務報告	• 財務諸表の重要な虚偽表示が防止されず、あるいは発見されないという蓋然性が僅少ではないという事態
法令遵守	• 財務報告やその他の報告に直接かつ重要な影響を与えたり、その他主体の目的の達成に重要な影響を与える法令規則違反を防止する合理的なプロセスを欠く状態

(注)これらは重要な欠陥に該当するが、これらに限らないとしている。
出所：OMB 通達 A-123 Table6 Summary of OMB Circular No. A-123 Reporting Requirements.

断的な連携、経営者や利害関係者によるフィードバックを通じた目標と結果との間の分析を重視するなどの改善を図っている。

　第二に、GAO の高リスク報告書が挙げられる。GAO は定期的に高リスク報告を公表している。GAO は、高リスク事業として、不正、浪費、濫用、不適切な管理に陥る脆弱性のある事業や 3E に係る課題のために変革が必要な政府の事業等を特定している。

　第三に、監察総監（Inspector General）等による監査結果が挙げられる。監察総監は、1978 年監察総監法（Inspector General Act of 1978）によって各政府機関に設置された独立した監査・調査機能を持った役職のことである。監察総監室（Office of Inspector General）は、監察総監のほか補佐するスタッフからなる大規模な組織である。監察総監は、GAO や民間会計事務所と連携して、業績監査及び財務監査に責任を有する。監察総監が指摘する「経営上の課題（Management Challenges）」は、情報源として有用である。これは、年次財務報告書にも含められる。

　以上のような法律の枠組みによる監視・監督機能に加え、単一監査法に

よる連邦補助金に係る統制、OMB 通達による情報技術関連のレビュー等、様々な監視・監督業務が重層的に実施されている。

　連邦政府機関の長は、これらの既存の仕組みとの重複を避けるため、これらによって得られた情報を最大限活用し、不足する部分につき追加的な手続を行ったうえで保証報告書を作成する。

　つまり、このような広範囲の内部統制に係る保証報告書を発行することができるのは、ガバナンスに責任を負う複数の機関による長い間の努力の積み重ねがあって初めて可能になるものと考えられる。

④OMB通達A-123におけるERM

　OMB 通達 A-123 の 2016 年改正の主な要因は、前述のとおり ERM の導入であった。

　OMB 通達 A-123 は、セクションⅡ「経営実務に ERM を確立する」を新設し、各政府機関にこの導入を義務付けている。そして、「組織目標」と「リスク」が要（かなめ）となり、ERM と内部統制が関連付けられている。

　その前文によれば、連邦政府機関の長は、予想できる事象あるいは想定できない事象に対処する責任があるため、リスク識別、対応、評価、報告というリスクマネジメントの実務に携わるが、この実務は将来思考的で、長の意思決定に資するものでなければならない。

　一方で、長は、内部統制の整備及びその有効性の評価を実施しなければならないが、その際にリスクマネジメントの実務を考慮に入れなければならない。

　このように考えると、内部統制は、リスクマネジメントのすべてではないが、中核を担うものと考えることができる。

　ERM と内部統制の関係について、OMB 通達 A-123 では、以下のような解釈を示している。COSO や国際標準化機構（International Organization for Standardization：ISO）といった先進的な国際基準設定主体は、内部統制を

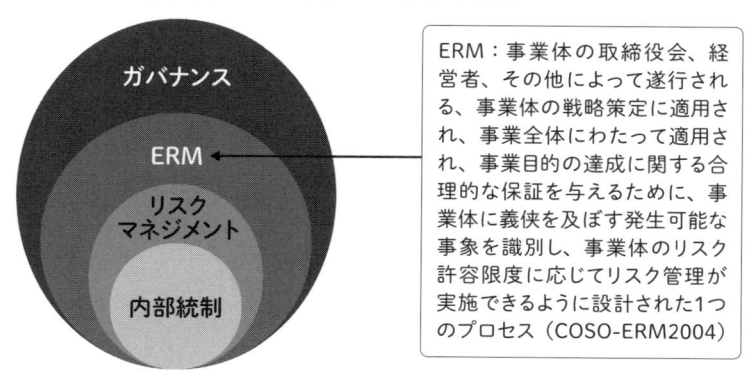

図表2-7 OMB通達A-123で示された内部統制と
全社的リスクマネジメントとの関係

ERM：事業体の取締役会、経営者、その他によって遂行される、事業体の戦略策定に適用され、事業全体にわたって適用され、事業目的の達成に関する合理的な保証を与えるために、事業体に義侠を及ぼす発生可能な事象を識別し、事業体のリスク許容限度に応じてリスク管理が実施できるように設計された1つのプロセス（COSO-ERM2004）

出所：OMB 通達 A-123 Figure1 The Relationship Between Internal Control and Enterprise Risk Control. をもとに作成。

より大きなリスクマネジメント・プロセスの一部と位置付けている。ERMは全般的なガバナンス・プロセスの一部としてみなされ、内部統制はリスクマネジメント及び ERM の中核的な部分としてみなされる。この関係は、図表 2-7 のように描かれる。

　具体的な手順として、政府機関は、リスク・プロファイル[7]を作成し、毎年度これを更新する。つまり、リスクの識別→対応策の選択→結果の評価→リスクの識別といったサイクルを確立する。さらに、このサイクルが適切に回っているかどうかを監督する機関として「リスクマネジメント委員会」のような組織を設置し、適切なガバナンスを発揮させるというものである。

　以上のことから、毎年、政府機関は、GPRA に基づく年次戦略レビューと整合する形でリスク・プロファイルを更新するとともに、内部統制の有効性に係る保証報告書を公表する。さらに、発見された内部統制上の重要

---

[7]　組織が現時点で保有しているリスクの種類・量。

な欠陥とその是正措置も報告が求められる。

　結果として、ERM の導入により、従来の GPRA による戦略的業績計画及び評価の体系と FMFIA による内部統制の体系が合体した形となっている。

　前述のように「組織目標」と「リスク」が要となって ERM のフレームワークと内部統制のフレームワークが関連付けられる。以下では、この 2 つがどのように関連付けられているのかその概略をみる。

　ERM のリスク・プロファイルには、以下の 7 つの要素を盛り込むことが要請されている。

1　目的の特定
2　リスクの識別
3　固有のリスク評価
4　現在のリスク対応措置
5　残余リスク評価
6　提案されるリスク対応措置
7　提案されるリスク対応措置の分類

　このうち、「目的の特定」においては、①戦略目的、②業務目的、③報告目的、④準拠性目的の 4 つを必ず含めなければならない。そのうえで、固有のリスク評価、現在のリスク対応措置、残余のリスク、提案されるリスク対応措置及びその分類が分析される（図表 2-8）。

　「固有のリスク評価」とは、通常の業務活動以外何も実施しない場合に目標が特定のリスクに晒される度合いの評価、「現在のリスク対応措置」は、受容、回避、削減、共有（他の事業体に移転あるいはそれとリスクを分配）の 4 種類がある。「残余リスク評価」は、対応措置がとられた後も残る、固有のリスクに晒される度合いの評価である。

　「提案されるリスク対応措置」とは、対応策がとられた後に、さらにリス

図表2-8 リスク・プロファイルの例

戦略目的—プログラムのアウトカムを改善する								
	固有のリスク評価		現在のリスク対応措置	残余リスク評価		提案されるリスク対応措置	所管	提案されるリスク対応措置の分類
リスク	影響	発生可能性		影響	発生可能性			
政府機関Xは、プログラムにおいて協働先の能力不足により目標達成できない可能性あり	高	高	削減：政府機関Xは、協働先に技術支援を提供するためにプログラムを開発した	高	中	政府機関Xは、四半期毎の協働先からの報告により協働先の能力をモニターする	第一：プログラム室	第一：戦略レビュー
業務目的—連邦政府の業務における不正リスクの管理								
契約・補助金不正	高	中	削減：政府機関Xは、契約の成果をモニターし、適切なチェック＆バランスが行われるための手続を開発した	高	中	政府機関Xは、不正に関する知識、発見、防止及び報告に関するトレーニングを提供する	第一：契約及び補助金担当官	第一：内部統制評価
報告目的—信頼のおける外部財務報告を提供する								
政府機関Xは、内部統制に重要な不備を識別した	高	高	削減：政府機関Xは、協働先に技術支援を提供するために是正措置を開発した	高	中	政府機関Xは、OMBと協議のうえ、監査意見を維持するために是正措置をモニターする	第一：主席財務官	第一：内部統制評価
準拠性目的—不適正支払規制への準拠								
プログラムXは、重要な不正支払が起こりやすい	高	高	削減：政府機関Xは、不正支払発生率を監視し削減するための是正措置を開発した	高	中	政府機関Xは、プログラムの誠実性を強化するための予算提案をする	第一：プログラム室	第一：内部統制評価

出所：OMB通達 A-123 Table1 Illustrative Example of a Risk Profile.

クを低減するために管理者がとるべき行動を指す。「提案されるリスク対応措置の分類」とは、提案された行動を実践しモニターするのに用いられる既存のマネジメントプロセスのことである。図表2-8の例では、「提案されるリスク対応措置の分類」は、4つの目的のうち後の3つ、すなわち「業務」、「報告」及び「準拠性」の目的に関しては、「内部統制評価」とされている。

　以上からわかるように、4つの目的及びそれに係るリスクやリスク対応措置のうち、後の3つは従来の内部統制の内容に他ならない。

　このように、ERMと内部統制を関連付けることにより、GPRAに基づく組織の使命を頂点とする業績評価システムに、内部統制に係る評価システムも組み込まれていることがわかる。

2 国防総省の例

　連邦政府機関の長は、年次財務報告あるいは成果報告といった名称の年次報告書の中で、内部統制の有効性の評価結果について報告書を公表することが要請されている。

　国防総省長官の署名のある「保証報告書（Statement of Assurance）」は、総括的に結果を表明する簡潔な報告書であるが、年次報告書の冒頭に来る「経営者による討議と分析（Management Discussion & Analysis：MD&A）」の中に含められている。

　これらに関する詳細な情報は、「その他情報（Other Information）」として本編の最後の部分にまとめられている。以下は、2018年9月期の国防総省による年次報告書の内容を紹介している。

（1）保証報告書

　国防総省長官による内部統制の評価の結果は、以下のように記載されている。

(ⅰ)　財務報告の信頼性に係る内部統制は有効ではない。

　　内部統制に問題があるとされたのは、取引を総勘定元帳に記帳し、財務省と照合するプロセス、財務諸表の編纂過程、固定資産の記帳・評価・仕訳のエビデンス等である。

(ⅱ)　業務及び法令遵守に係る内部統制の有効性については、限定付表明がなされている。

　　業務面では、調達、契約管理、資源管理、サイバーセキュリティの点で重要な欠陥があると認識し、対処していく。

　　また、財務管理システムについては、評価の結果、FMFIA セクション 4、FFMIA セクション 803(a)の規定を完全には遵守していないことが判明した。

（2）重要な欠陥

　経営者の識別した不備は、内容別に図表 2-9 の 3 つに分類される。

　まず、「財務報告に係る内部統制」については、監察総監の報告書の中で特定された20の分野にわたる財務報告に係る内部統制の重要な欠陥について、経営者の認識と一致し、また、各末端の業務プロセス及びその下の評価単位別にみたところ、38 項目の重要な不備（前年度は 40 項目）が認められたとしている。最終的に財務改善・監査是正ガバナンス審議会の監督の下で、財務報告に係る内部統制の有効性を評価したところ、前年度より

図表2-9　不備の内容
● 財務報告に係る内部統制の有効性（FMFIA セクション 2 に基づく） ● 業務に係る内部統制の有効性（FMFIA セクション 2 に基づく） ● 財務管理規定への準拠性（FMFIA セクション 4 に基づく）及び連邦政府の財務管理改善規定の実施（FFMIA セクション 803(a)に基づく）

出所：U.S. Department of Defense Agency Financial Report for FY 2017 p.161 "Summary of Financial Statement Audit and Management Assurance".

3ランク低い結果になったとしている。

「業務に係る内部統制」に係る重要な欠陥は、20項目（前年度は15項目）、FMFIA法及びFFMIAの規定への準拠性については、各3項目ずつ準拠性違反がみられたとされている。

「その他情報」の項目では、すべての重要な欠陥について、内容別に、識別された年度、存在する部局、是正措置、目標是正年度が一覧表で開示されている。

（3）監察総監

一方、監察総監の「経営上の課題（Management Challenges）」も同じ年次報告書に掲載されている。2000年報告書統合法に基づき、各省の監察総監は、当該省が直面する最も重大な経営上及び業績上の課題を要約して年次で報告することが求められている。国防総省の監察総監は、2019年以降の課題として以下を挙げている。

- 国防総省の改革プログラムの実践
- 中国、ロシア、イラン、北朝鮮への対処
- 世界的なテロへの対処
- 財務管理：初の省庁全体にわたる財務諸表監査で発見された財務上の重大な不備に対処するために、適時かつ有効な対応策を実施すること
- サイバーセキュリティ及びサイバー能力の改善
- 倫理規則の遵守
- 宇宙空間での活動、ミサイル探知と対処、核兵器の阻止の強化
- 省全体の準備態勢の改善
- 調達及び契約管理：調達すべきタイミングで、適正価格で、適正な権利内容伴う調達をする
- 包括的かつ費用対効果の高い医療を提供すること

　国防総省の監察総監は財務諸表監査を実施しているが、前述のとおり、財務報告の信頼性に係る内部統制に不備が多く、監査意見は前年に引き続き「意見不表明」となっている。前述の課題の 4 つ目の「財務管理」に係る事項は、財務諸表監査の結果を反映したものとなっている。また、9 つ目の「調達及び契約管理」は、業務に係る内部統制における重要な欠陥の内容と一致している。このことからも、内部統制の有効性の評価のプロセスにおいて、監察総監の業務の結果が利用されていることがうかがえる。

（4）ERMに係る記述

　国防総省の年次報告書では、ERM についても、内部統制と並列的に取組んでいる旨の記載がある[8]。国防総省は、首席財務官・事務官以下、FMFIA、OMB 通達 A-123 及び GAO のグリーンブックに基づき、ERM 及び内部統制プログラムに係る責任を遂行しており、実際の事業活動に、先進的なリスクマネジメントと有効な内部統制を取り入れるために、継続的に腐心しているとしている。

---

[8]　同年次報告書（30 頁）「経営による保証（Management Assurance）」。

監査基準の果たす役割

1 地方公共団体に適用される監査基準

　アメリカの地方公共団体の財務監査において適用される監査基準は、最も基盤になるのがアメリカ公認会計士協会（the America Institute of Certified Public Accountants：AICPA）の監査基準（Generally Accepted Auditing Standards：GAAS）、それに加えて適用される政府監査基準（Government Auditing Standards：GAS あるいは GAGAS、以下、GAS）、さらには単一監査法の規定の3層構造となっている。GAAS、GAS、単一監査法の順により複雑かつ要求水準も高くなる。

　GAAS とは、AICPA の監査基準審議会（the Auditing Standards Board：ASB）が開発した監査基準書（Statements on Auditing Standards：SAS）を、AICPA の専門基準 AU-C セクションとして編集されたものを指し、一般基準、実施基準、報告基準からなる。

　ここで、AICPA の公表物が公的部門も含めて GAAS と認められてきた経緯について簡単に記述する。その歴史は、その前身であるアメリカ公共会計士協会（the American Association of Public Accountants：AAPA）の設立された 1887 年に遡る[9]。AICPA の GAAS 設定の権限は、1917 年に連邦通商委員会（the Federal Trade Commission）の要請に基づき、「バランスシート監査」に係るメモランダムを作成したことに始まる。それを連邦準備審議

---

9) "History of the AICPA"https：//www.aicpa.org/about/missionandhistory/history-of-the-aicpa.html

会（the Federal Reserve Board：FRB）は、暫定的に正当なものと認め、1917年 4 月の連邦準備審議会公報に含めて公表した。このルールがあらゆる業種に普及することになる。

　その後、1940 年代に証券取引委員会（the Securities and Exchange Commission：SEC）が、受領する財務諸表に添付される独立監査人の報告書に、「一般に認められた監査基準への準拠」という文言を含めるべきとする規定を採択したことにより監査基準の明確化が必要となり、AICPA は 1954 年に冊子「一般に認められた監査基準」を公表する[10]。

　このように、GAAS は、長い歴史の中であらゆる事業体の監査に適用される基準としての地位を確立したが、エンロン事件の後の 2002 年に成立したサーベンス・オクスレイ法により、その権限は縮小することになる。この法律に基づき、公開会社監視委員会（the Public Company Accounting Oversight Board：PCAOB）が設立され、公開会社等の監査に用いられる監査基準の設定の権限が AICPA から PCAOB に移管されることとなった。

　公開会社以外の事業体については、従来どおり、AICPA の公表する GAAS が適用される。したがって、州及び地方政府の財務諸表監査には、第一義的に GAAS が適用されるのである。

　一方、法令等により、州及び地方政府の監査人は GAAS に加え、GAS に準拠することが求められる場合がある。後述する単一監査法による財務諸表監査がその代表的なものである。単一監査法は、GAS 準拠を要請するほか、さらに追加的規定を置いている。

　GAS とは、会計検査院長が公表した政府監査基準（GAS）を含む監査基準の体系であり、「一般に認められた政府監査基準」（GAGAS）とも呼ばれている。GAS（狭義）は、アメリカ会計検査院長が制定した財務監査、証

---

[10] AICPA"AUDITING, ATTESTATION AND QUALITY CONTROL STANDARDS SETTING ACTIVITIES-OPERATING POLICIES"AppendixA.

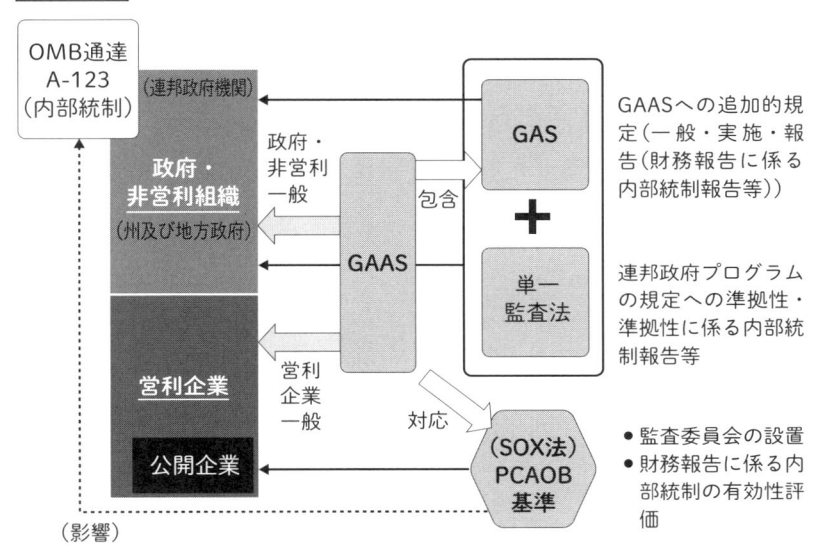

図表2-10 アメリカにおける監査基準等の関連図

(注)地方公共団体の財務諸表監査においては、第一義的に GAAS が適用される。ただし、法令により GAS 及び単一監査法に基づく監査が要求されることもある。
出所：“Accounting for Governmental and Nonprofit Entities” 第 11 章をもとに作成。

明業務及び業績監査等に係る監査の基準やガイダンスからなり、財務監査に関しては、AICPA の監査基準書（SAS）を参照方式により取り込むとともに、追加的規定を置いている。

　GAS は、監察総監法、主席財務官法等により連邦政府機関の監査において準拠すべきとされているほか、単一監査法により州及び地方政府が財務諸表監査の対象となる場合には準拠すべき監査基準となる（図表 2-10）。

2 地方公共団体における監査の発展と政府監査基準

　後述するように、各州独自の法令（予算）基準による財務報告の実務が定着するに従い、その準拠性や正確性を担保するための第三者による監査

が同時に求められてきた。

　例えばマサチューセッツ州では、1910 年法により、市やタウンが州会計局に対して財務諸表の監査を請願することが認められている。その後、1920 年法により、州会計局長がボストンを除くすべての市・タウンの帳簿と財務諸表を初めて監査したが、その後は 3 年に 1 回監査を行うことが義務付けられた。第二次世界大戦後には、年次監査はすべての市・タウンで強制適用となった。

　インディアナ州では、1900 年代初頭、立て続けに起こった公金不正事件への対応として、州議会は、1909 年に公機関の検査及び監督局を設立した。この部局を統括するものとして設置されたのが州会計審議会（State Board of Accounts：SBOA）である。1945 年以降、州議会は審議会の構成を変更し、現在は州検査官（State Examiner）1 名と州副検査官 2 名から構成されている。この審議会の主要な責任は、財務報告の形式を規定及び承認し、州内のすべての政府構成単位の統一的な会計及び財務報告システムを創設するとともに、すべての州政府機関に対する事後監査により、インディアナ州法への準拠性を確認することである。

　以上のように、財務監査はもともとは州法等への準拠性の要請に対応した州監査組織の第三者的検証が起源であったものと考えられる。

　一方、財務諸表監査は、1970 年代以降、適切な財務開示を求める全国的な動きの中から始まった。市債が債務不履行になる危機に陥ったニューヨーク市が、誤解を招く財務諸表を公表していたことが判明した。これに呼応して、公債発行者を規制する 1975 年改正証券法が成立し、1976 年には、収益分配法（Revenue Sharing Act）の改正により、25 千ドル以上の受益権を有する地方公共団体は財務諸表監査を受けなければならなくなった。1979 年には、自治体財務官協会は、財務諸表は一般に認められた会計原則に従い作成され、表示されなければならないことを示唆した。そして 1984年には GASB（「本章Ⅲ **1** GASB の設立」参照）が設立される。同年制定の

単一監査法は連邦補助金の準拠性監査と財務諸表監査を一体化させる[11]。

　以上の変遷は、連邦諸法の改正により、州独自の基準による準拠性監査に代わり、財務諸表監査が前面に出てきたことを示している。

　GAS 初版の 1972 年版は、GAAS に類似した監査基準一式を提供していた。それ以降の改訂では、より幅広い基準一式、すなわち財務監査に加えて、業績監査基準や証明業務の基準をも策定している。

　GAS は、財務のみならず非財務対象をカバーする広い範囲の監査及び業務を対象とし、3 つの種類の監査業務を規定している。財務監査、証明業務、業績監査である。このうち財務監査の基準は、すべての AICPA の SAS を包含しており、追加的規定を置いている[12]。2011年 GAS 改訂版は、AICPA の監査基準との重複を削除したため、GAAS と GAS によって実施される財務監査の間にはそれほど大きな違いはない。

3 単一監査法における監査

(1) 単一監査法

　1984 年に制定された単一監査法（Single Audit Act）は、それまで個々の補助金等の財政支援ごとに法令規則や補助金要綱等への準拠性監査が実施されていたところ、それらを財務諸表監査と一本化して行う「単一監査」（single audit）に置き換えることにしたものである。この監査は、補助金等を支給している連邦政府機関の共通する監視ニーズに合致するように考案されたものであった。

---

11) 単一監査法による監査は、「本章Ⅱ 3 単一監査法における監査」参照。
12) 証明業務においても、AICPA の証明業務基準書（Statements on Standards for Attestation Engagements：SSAE）を包含する（2018GAS7.01）。

　単一監査に対して個別の補助金ごとに受給者が遵守すべき法令や取り決めに準拠しているかどうかを監査する監査を「プログラム特定監査（program-specific audit）」と呼ぶ。プログラム特定監査が実施できる場合は極めて限定されている。

　単一監査法の規定は、当初、連邦政府から 25 千ドル以上の財政援助[13]を受けているあらゆる政府機関に対して適用された。単一監査法が制定されたことを受け、OMB はガイドラインとして OMB 通達 A-128「州及び地方政府の監査」、1990 年には監査対象を非営利法人に拡張することにより OMB 通達 A-133「高等教育機関及びその他非営利組織」、及びそれぞれの適用指針（compliance supplement）を公表した。

　単一監査法自体は、OMB の通達による適用範囲の拡張を追認する形で 1996 年 7 月に改正された。それを受け、1997 年には OMB 通達 A-133 は「州、地方政府及び非営利組織の監査」という名称に変更され、OMB 通達 A-128 は廃止された。

　その後も OMB 通達 A-133 は、監査対象の金額基準の引上げ[14]や内部統制を含む定義の更新等、数度の変更が行われた。

　2013 年 12 月、OMB 通達 A-133 に代わるものとして連邦規則[15]が発行され、これにより 2014 年 12 月 26 日以降開始年度の監査対象は 750 千ドルに引き上げられ、「主要プログラム」を判定する手順にも変更が生じた。

---

[13] 法の趣旨に照らして財政援助は広く規定され、信用保証、食糧引換券、非資金支援も含められる。

[14] 2003 年 12 月末以降に終わる年度以降は、監査対象を 500 千ドル以上に引き上げることとした。

[15] Code of Federal Regulations Title2（Grants and Agreements）Part 200- Uniform administrative requirements, Cost principles, and Audit requirements For Federal Awards, Subpart F – Audit Requirements.

（2）現在の運用

①概要

　単一監査法は、非連邦政府機関が連邦政府機関から一会計年度で連邦政府の交付金を750千ドル以上支出する組織に適用となる。非連邦政府機関とは、州、地方政府（カウンティ、市、町等）、非営利組織を指す。該当する機関は、単一監査かプログラム[16]特定監査を受けなければならない。プログラム特定監査が許容される場合は、単一の連邦政府補助金のみを受給し、財務諸表監査が要求されていない場合のみに限られる[17]。

②監査対象

　監査人は、被監査機関が連邦政府プログラムの交付金を受けている場合、その交付金が「主要プログラム」に該当するかどうかを判断しなければならない。この判断に当たっては、リスク・アプローチが用いられる。リスク・アプローチとは、現在や過去の監査結果、連邦政府機関やパス・スルー機関による監督、連邦政府のプログラムの固有のリスクを考慮して、リスクの高い連邦政府プログラムを主要プログラムとするものである。主要プログラムの認定には、金額的重要性と質的重要性の双方が考慮される[18]。

16）プログラムとは、政策的に財政支援の対象となるものとして特定されたもの（通常番号が付されている）。

17）例えば研究開発（Research & Development：R&D）に係る財政支援は、単一の連邦政府機関、あるいは単一の連邦政府機関とそのパス・スルー機関を通じて受給している場合で、連邦政府機関、あるいはパス・スルー機関からあらかじめ承認を得ている場合に限り、プログラム特定監査を選択できる。

18）一定の金額以上の連邦政府プログラムの支出は主要プログラムの候補（タイプA）となるが、リスクの低い場合には除外される。逆に、一定の金額未満の場合（タイプB）は対象外の可能性が高くなるが、リスクが高い場合は主要プログラムとなる。

③監査の内容

　監査は GAS に準拠して実施される。監査対象は、被監査機関のすべての事業を対象とするか、あるいは被監査機関の選択で、連邦政府の補助金を使用している部門、機関等の組織単位を対象としなければならない。また財務諸表と連邦政府補助金の支出明細は、同年度のものでなければならない。

　監査は、大きく以下の内容からなり、それぞれについて監査報告書が作成される。

(a)財務報告（財務諸表、連邦政府補助金の支出明細）の適正性
　　監査人は、被監査機関の財務諸表が全ての重要な点において、GAAP に従って公正に表示されているかどうかを判断しなければならない。
(b)財務報告に係る内部統制の評価（違反したならば財務諸表に重要な影響を与える法令規則、契約及び補助金協定の条項への準拠性も含む）[19]
(c)各主要プログラムの法令規則及び交付金要綱等への準拠性
(d)(c)の準拠性に係る内部統制についての報告

　なお、州法では、現金主義を基調とした予算基準がそのまま財務報告の基準として認められていることが多い。これを「法令基準（regulatory basis）」あるいは「予算基準（budgetary basis）」という。地方公共団体がこれに準拠している場合は、GAAS 上は「特別目的フレームワークに基づいた一般利用目的の財務諸表」に分類される。この場合、財務諸表に係る意見としては、GAAP 基準では不適正意見、法令基準では適正意見という二重の意見が述べられることとなる。

---

[19] (a)／(b)は、GAGAS 準拠の監査の場合も要求されている。単一監査法に基づく監査の場合は、(c)(d)が追加となる。

④監査人の選定

　単一監査法[20]によれば、独立監査人とは、

- 一般に認められた GAS の独立性の基準を満たす州あるいは地方政府の外部監査人

あるいは、

- 上記と同様の独立性を満たす公認会計士

を指す。

　監査人の選定に当たっては、一般的な政府部門の「調達基準」が適用される。高品質の監査を調達することが目的であるため、提案書を募集しそれらを評価することによって選定される。評価に当たっては、監査の目的及び範囲は明確であるか、被監査機関の要求に応じた対応ができるかどうか、目的に合致する経験や専門的な資格と技術能力を備えたスタッフが存在するかどうか、ピアレビューや外部の品質管理レビューの結果で問題がないかどうかに加え、監査報酬も加味される。また、小規模事務所、少数民族の所有する事務所、女性の運営する事務所、労働力に余力のある事務所を活用する努力をしなければならないとされている。

⑤内部統制に係る監査報告書の記載内容

　③で挙げた財務報告の信頼性(b)及び準拠性(d)を目的とする内部統制に係る監査報告は、必ずしも有効性意見を表明することが要請されているわけではない。ただし、任意で追加手続を実施し、SOX 法と同様に内部統制の有効性についてダイレクト・レポーティングをする方法を選択することも可能である。内部統制の有効性について意見を表明するのか、あるいは法令規則・契約補助要綱への準拠性に係る意見を表明するだけにとどまるのか、実施したテストの範囲について、記述しなければならない。

---

20) Single Audit Act Amendments of 1996 §7501. Definitions (8).

　被監査機関は、前回の監査発見事項の要約表、監査報告書、是正行動計画等を添付して、財務諸表及び補助金明細表を定められた期日までに政府に提出しなければならない。

⑥監査報告書の実例

　図表 2-12、2-13 及び 2-14 は、ダイレクト・レポーティングを行わない単一監査法監査の監査報告書の例である。この場合、前述の(b)(c)(d)のテストは、あくまで財務諸表監査の一環として監査手続を決定する目的で行っているため、内部統制についての有効性意見を表明するための手続は実施していない旨を記載しなければならない。

　単一監査法監査対象ではない通常の年次報告書等の財務諸表監査の場合は、「その他の補足情報」として、(a)に記載されている連邦補助金の支出明細の代わりに示された結合報告書等の補足情報について「重要な点において、全体として適正表示」かどうかの意見が表明される。また、導入部分、統計セクション等、追加的な分析のために提供された部分については監査対象外であり、意見の表明や保証の提供を行わない旨の記述がされる。

　GAAS は、基本財務諸表には完全な監査を要求しているが、その他の情報については、図表 2-11 のような取扱いを認めている。

　図表 2-13 の例では、財務報告の信頼性に係る内部統制に重大な不備が発見され、別表により、その内容が示され、市の担当者とコミュニケーションがなされている。

図表2-11 その他情報に対する手続及び報告内容

その他情報の分類	含まれる情報	実施すべき手続	適用となるAICPA基準書
必須補足情報	MD&A、予算比較情報　等	限定的監査手続（質問、比較等）通常、意見は表明しない	730
その他の補足情報(1)	ファンド結合報告書、個別ファンドの財務諸表、連邦補助金支出明細　等	監査手続全体として基本財務諸表に関連して適正表示の意見を表明	720
その他の補足情報(2)	導入部分、統計セクション　等	限定的レビュー手続通常、意見は表明しない	725

(注)必須補足情報等については、「本章Ⅲ **3** GAAP の概要」参照。
出所：AICPA AU-C720, 725, 730 をもとに作成。

図表2-12 (a)財務報告（財務諸表、連邦政府補助金の支出明細）の適正性に係る報告書

タイトル	財務諸表に係る独立監査人の報告書
日付	○年○月○日
宛名	○市　市長及び市議会宛
財務諸表に係る報告	我々は、添付された 2015 年 12 月 31 日時点及びそこで終了する 1 年間の○市の政府活動、ビジネスタイプ活動、別掲された構成単位の合計、各主要ファンド、残るファンド合計の財務情報及び注記を監査した。これらは、目次に掲げるように、市の基本財務諸表を構成するものである。
経営者の責任	経営者は、一般に認められた会計基準（GAAP）に準拠してこれらの財務諸表を作成し、適正な表示を行う責任を負う。これには、不正または誤謬による重要な虚偽表示がない財務諸表の作成及び開示を確保するための内部統制のデザイン、適用及び運用も含まれる。
監査人の責任	• 準拠した監査基準：一般に認められた米国監査基準と米国会計検査院長が公表した政府監査基準の中の財務監査に適用される基準 • 我々の監査においては、財務諸表の金額及び開示内容について、監査証拠を得るための手続を行っている。手続の選択は、監査人の判断によるものであり、それには、不正か誤謬かにかかわらず、財務諸表に重要な虚偽表示がもたらされるリスクの評価を含む。これらのリスク評価は、適切な監査手続を計画するために、適正な財務諸表の作成と表示に係る内部統制を検討しているが、それは内部統制の有効性に関する意見を述べるためのものではない。 監査は、用いられている会計方針の妥当性及び経営者による重要な会計上の見積りの合理性及び全般的な財務諸表の開示を評価することも含まれる。

	• 我々は、入手した監査証拠が監査意見の合理的な基礎として十分かつ適切であると信じる。
意見	適正意見
強調事項	（新規に適用となった会計基準の説明）
その他の事項	○必須補足情報（Required Supplementary Information） GAAP は、経営者による討議と分析（MD&A）、予算比較情報、年金情報、年金以外の退職後給付について、基本財務諸表の補足として表示することを求めている。そのような情報は、基本財務諸表の一部ではないが、基本財務諸表を、事業上、経済上及び歴史上の意味において適切なものとするための財務報告の重要な部分をなす。我々は、必須補足情報に関しては、GAAS に従って特定の限定的な手続、すなわち、それらの情報の作成方法を経営者に質問し、情報の内容と経営者の回答、基本財務諸表及び我々が監査の過程で得た知識との整合性について比較検討した。このような限定的な手続だけでは、我々が意見を述べ、あるいは保証を提供するのに十分な証拠を収集できないため、我々はこれらの情報について意見の表明や、保証を提供しない。
	○その他の補足情報（Supplementary and Other Information） 我々の監査は、市の基本財務諸表を構成する財務諸表について意見を形成する目的で実施している。添付された統一ガイダンスに基づく連邦補助金の支出明細は、追加的な分析のために提供されたものであり、基本財務諸表の一部として規定されているものではない。そのような情報の提供は、経営者の責任で行うものであり、財務諸表を作成する基礎となる会計及びその他の記録から導かれるか、直接関係している。これらの情報は、基本財務諸表の監査に適用される監査手続及び特定の追加的手続を受けている。特定の追加的手続とは、これらの情報を、財務諸表作成のために用いられた会計記録及びその他の記録、あるいは財務諸表そのものと比較及び照合する等の GAAS に基づく手続を指す。我々の意見としては、すべての重要な点において、基本財務諸表との関係において全体として、適正に表示されているものと認める。
GAS によって要求されているその他の報告[*]	我々は、GAS に準拠して、2016 年 7 月 26 日付で市の財務報告に係る内部統制の検討及び法令規則、契約、補助要綱等の特定の条項への準拠性のテストの結果の報告書も発行する。その報告書は市の単一監査報告書という別冊の中に含まれる予定である。その報告書の目的は、財務報告に係る内部統制の検討及び準拠性に係るテストの範囲とその結果を述べることであり、内部統制や準拠性に係る意見を提供するものではない。その報告書は、財務報告に係る内部統制と準拠性を検討するに当たって、GAS に準拠して実施される監査に組み込まれた部分である。

（＊）(b)の報告書を指す。
（注）いずれも下線部は、意見に相当する部分に筆者が付したもの。
出所：ワシントン州ベリンハム市の単一監査法に基づく年次財務報告（2015 年 12 月期）に含まれている監査報告書をもとに作成。

図表2-13 (b)財務報告に係る内部統制の評価（違反したならば財務諸表に重要な影響を与える法令規則、契約及び補助金協定の条項への準拠性も含む）

タイトル	GASに準拠して実施した財務諸表監査に基づく財務報告に係る内部統制及び準拠性に係る法令規則、契約及びその他の事項に係る独立監査人の報告書
日付	○年○月○日
宛名	○市市長及び市議会宛
（頭書き）	準拠した監査基準：一般に認められた米国監査基準と米国会計検査院長が公表した政府監査基準の中の財務諸表監査に適用される基準
財務報告に係る内部統制	● 財務諸表に対する意見を表明するために、財務諸表監査を計画し実施するに当たって、我々は適切な監査手続を決定するための市の財務報告に係る内部統制を検討したが、内部統制の有効性についての意見を述べる目的ではない。したがって、我々は市の内部統制の有効性に係る意見を述べるわけではない。 ● 我々の内部統制の検討は、上記パラグラフで述べたように限られた目的のためであり、重要な不備あるいは重大な欠点のように内部統制のすべての欠点を特定するために実施するものではないため、見落された重要な不備あるいは重大な欠点が存在する可能性がある。しかしながら、後述の監査発見事項とそれへの対応表に示すように、いくつかの重要な欠点（deficiency）の重要性を特定した。 ● 内部統制に不備（deficiency）があれば、統制の設計や運用に問題があり、経営者や従業員が通常の業務を行ううえで適時に誤りを防ぎ、あるいは発見し修正する障害となる。 ● 重要な欠陥（material weakness）とは、市の財務諸表の重要な虚偽表示を適時に防いだり発見し修正されない可能性が合理的に予測されるような内部統制の１つあるいは複数の欠点のことである。 ● 重大な不備（significant deficiency）とは、重要な不備ほど問題はないが、ガバナンスに責任を負うものの注意に値する内部統制の１つあるいは複数の欠点のことである。 ● 我々は、「監査発見事項及び対応」表に記載の重要な欠陥を重要な欠点として認識している。
準拠性その他の事項	● 市の財務諸表に重要な虚偽表示がないかどうかについての合理的な保証を得る一環として、法令規則、契約、補助要綱等のうち、それへの違反が財務諸表の金額の確定に直接的かつ重要な影響を与える可能性のある条項への準拠性の確認のためのテストを実施した。しかし、これらの条項への準拠性に関する意見を述べることが監査の目的ではないため、そのような意見は述べない。GASにより報告が求められるような準拠性違反やその他のテストの結果、GASにより報告が求められるような準拠性違反やその他の事項は見当たらなかった。

市の発見事項に対する回答	我々の監査で特定された発見事項に対する市の回答は、別添「監査の発見事項と回答一覧」に記載されている。市の回答は、財務諸表監査の対象外のため、我々は回答に対して意見を述べるものではない。
この報告書の目的	この報告書の目的は、財務報告に係る内部統制の検討及び準拠性に係るテストの範囲とその結果を述べることであり、内部統制の有効性や準拠性に係る意見を提供するものではない。この報告書は、財務報告に係る内部統制と準拠性を検討するにあたって、GASに準拠して実施される監査に組み込まれた部分である。したがって、このコミュニケーションは、それ以外の目的には不適切である。しかしながら、この報告書は公式記録であり、その配布も制限されていない。それはまた、市民が政府の事業を評価するのに資する報告ツールとしてこの情報を公に提供することにもなる。

(注)いずれも下線部は、意見に相当する部分に筆者が付したもの。
出所：ワシントン州ベリンハム市の単一監査法に基づく年次財務報告（2015年12月期）に含まれている監査報告書をもとに作成。

図表2-14 (c)各主要プログラムの法令規則及び交付金要綱等への準拠性と(d) (c)の準拠性に係る内部統制についての報告

タイトル	各主要連邦プログラムの準拠性に係る報告及び統一ガイダンスに従った準拠性に係る内部統制についての独立監査人の報告書
日付	○年○月○日
宛名	○市　市長及び市議会宛
各主要連邦プログラムの準拠性に係る報告書	我々は、市が、各主要連邦プログラムに直接かつ重要な影響を与えるOMB発行の準拠性付録に記述されている各種遵守すべき規定に準拠しているかどうかを監査した。市の主要連邦プログラムは、別添「発見事項と問題のあるコスト」一覧に記載のとおりである。
経営者の責任	経営者は、連邦プログラムに適用される連邦補助金に係る連邦法令規則や要綱に準拠する責任がある。
監査人の責任	• 準拠した監査基準：①一般に認められた米国監査基準と②米国会計検査院長が公表した政府監査基準の中の財務監査に適用される基準、③第2編アメリカ連邦規則パート200、連邦政府補助金に係る管理規、コスト原則、監査に関する統一規定（統一ガイダンス） 　これらの規準及び統一ガイダンスは、主要連邦プログラムへの直接かつ重要な影響があるかもしれない上記の遵守すべき規定への準拠違反が発生したかどうかについて、合理的な保証を得るために監査を計画し実施することを求めている。監査は、抽出ベースにより市のそれらの規定への遵守の証拠を検証することや、その他の必要と認められる手続を実施することを含む。我々の監査が、各主要連邦プログラムへの準拠性に係る意見の合理的な基礎を提供するものと信じている。

各主要連邦プログラムに係る意見	我々の意見としては、市は、各主要連邦プログラムに直接かつ重要な影響を与える OMB 発行の「準拠性付録」に記述されている各種準拠性に係る規定に対して、すべての重要な点において、準拠していると認める。
準拠性に係る内部統制に関する報告書	市の経営者は、上述の各種遵守すべき規定への準拠性に係る有効な内部統制を確立し維持する責任がある。準拠性に係る我々の監査を計画し実施するにあたり、各主要連邦プログラムに記述されている各種準拠性に係る意見を表明し、統一ガイダンスに従った準拠性に係る内部統制のテストと結果の報告のために、適切と認められる手続を決定するために準拠性に係る内部統制の有効性に係る意見を表明したのであり、準拠性に係る内部統制の有効性を表明する目的ではない。したがって、準拠性に係る内部統制の有効性に係る意見を表明するものではない。 ・内部統制に不備 (deficiency) があれば、統制の設計や運用に問題があり、経営者や従業員が通常の業務を行ううえで適時に誤りを防ぎ、あるいは発見し修正することを妨げることを防げる。 ・重要な欠陥 (material weakness) とは、市の財務諸表の重要な虚偽表示を適時に防いだり発見し修正されない可能性が合理的に予測されるような内部統制の1つあるいは複数の欠点のことである。 ・重要な不備 (significant deficiency) とは、重要な欠陥ほど問題はないが、ガバナンスに責任を負うものの注意に値する重要な内部統制の1つあるいは複数の欠点のことである。 我々の準拠性に係る内部統制の検討は、このセクションの第一パラグラフで述べたように限られた目的のためのものであり、重要な欠陥あるいは重大な不備の可能性のあるすべての不備を特定するために実施するものではない。我々は、重要な欠陥と考えられる重要な不備を見落とさなかった。しかし、重要ではなかった内部統制の不備が存在する可能性がある。
この報告書の目的	この報告書の目的は、統一ガイダンスに基づいて準拠性に係るテストの範囲とその結果を述べることである。したがってこの報告書はそれ以外の目的には不適切である。しかしながら、その配布も制限されていない。また、この情報を公にすることにより、市民が政府の事業を評価するのに資する報告ツールともなり得る。

（注）いずれも下線部は、意見に相当する部分に筆者が付したもの。
出所：ワシントン州ベリンハム市の単一監査法に基づく年次財務報告（2015 年 12 月期）に含まれている監査報告書をもとに作成。

4　地方公共団体の監査組織

　「本章Ⅱ **3**（2）④監査人の選定」で記載したように、単一監査法監査は、州の監査組織が担うケースも多くみられる。

　各州政府には、独立性を有した監査組織が存在する。長の名称は、州監査人（State Auditor）であることが多いが、別の名称であることもある[21]。この監査組織は、行政府に属するが、長の選任方法は州によって異なっており、公選制の場合と議会の同意を得て長が任命する場合がある。

　長を補佐する監査組織は200〜300名のスタッフを抱える大組織であり、Office of State Auditor 等の名称で呼ばれる。スタッフは、当該組織で独自に採用し、有資格者も多く含まれている。

　この組織は、州の行政機関の一部でありながら、州から独立した独立監査人の立場にあり、州政府自体の財務諸表監査をはじめ、州内の市町村を対象とした財務諸表監査及び業績監査を行う[22]。ただし、財務諸表監査は、州によって程度は異なるものの、最近は民間会計事務所に委ねる割合が増えつつある[23]。民間会計事務所に委託する場合であっても、委託業務が適切に行われているかどうか、州監査人が監督権限を有している場合もある。

---

[21] インディアナ州では、State Examiner という名称で州知事から任命される役職である。State Auditor という役職もあるが、まったく業務内容が異なる。

[22] 監査の種類や範囲は州法で定められている。州監査人が業績監査を実施していない州もある。

[23] 例えば、マサチューセッツ州では、州及び州内の市町村の財務諸表監査はすべて民間会計事務所に委ねており、州監査組織は業績監査に特化している。一方、インディアナ州では、州都インディアナポリス等わずかな都市を除き、すべて州監査組織が財務諸表監査を実施している。

一般に認められた
会計原則の果たす役割

1 GASBの設立

アメリカ国内において、社会経済活動に従事する主体は、官民を問わず、その類型に応じて一様に適用すべき GAAP が決まる。類型として、3つのタイプすなわち、州及び地方政府、連邦政府、非政府組織（企業あるいは非営利組織）がある。各主体は採用すべき GAAP を特定し、その中で異なる公表物や記述書に与えられた権威の階層、すなわちヒエラルキーを理解することが必要となる。

ヒエラルキーは、図表2-15のような会計原則の体系を指す。会計処理が公表物によって明確になっていない取引や事象にとっては、政府会計基準審議会（Government Accounting Standards Board：GASB）、連邦会計基準諮問審議会（Federal Accounting Standards Advisory Board：FASAB）、財務会計基準審議会（Financial Accounting Standards Board：FASB）によって特定された権威のない会計文書を参照することもある。

図表2-15 からもわかるように、地方公共団体の GAAP は、GASB の基準書を頂点とする会計基準体系である。GASB は、1972 年に設立されたコネチカット州ノーウォークに本拠を置く独立的、民間非営利団体である財務会計財団（Financial Accounting Foundation：FAF）の下に FASB と並ぶ形で1984 年に設立された。財務会計財団は、GASB 及び FASB の監督、管理、資金提供及び委員任命の責を負う。

GASB は、「一般に認められた会計原則」としての州及び地方政府の会計及び財務報告基準を設定する。GASB の設定する基準は、州・地方政府、州

図表2-15 GAAPヒエラルキー要約

カテゴリー	権威ある会計原則		
	州・地方政府	連邦政府主体	非営利主体
a	正式に確立された会計原則 – GASB の基準書及び解説書	正式に確立された会計原則 – FASAB の基準書及び解説書	FASB 会計基準集は、非政府主体に適用される権威あるGAAP となる。SEC が連邦証券法の権威の下で公表した規則や解釈指針もSEC の規制を受ける者にとって権威あるGAAP となる。
b	GASB テクニカルブリテン（公報）、（以下のようなAICPA の公表物のうち州及び地方政府に適用可能なものがあり、かつGASB によって明確にされている場合）AICPA 産業別監査及び会計ガイド、会計に関する意見書	FASAB テクニカルブリテン、（以下のようなAICPA の公表物のうち連邦政府機関に適用可能なものがあり、かつFASAB によって明確にされている場合）AICPA 産業別監査及び会計ガイド	
c	AICPA の実務ブリテン（Bulletin）のうち、州・地方政府に適用可能なもの（かつGASB によって明確にされている場合）がある場合、また、GASB 重要事項タスクフォースの出した合意文書	FASAB 会計・監査方針委員会によるテクニカルリリース	
d	GASB スタッフにより公表された実践ガイド（Q&A）、広く認められ普及している産業特有の実務	FASAB スタッフにより公表された実践ガイド、連邦政府で広く認められ普及している実務	

出所：「Accounting for Governmental and Nonprofit Entities」Reck & Lowensohn, Illustration 11-3.

会計審議会、AICPA によって権威ある正当なものとして認められている。

2 GAAP確立の経緯

　50 州の各州では、GAAP 成立よりはるか以前から、州法以下の法令規則により、財務報告基準が定められてきた。一般にこのような基準は法令（予算）基準と呼ばれ、各州によって異なるが、現金主義を基調とする。法

令（予算）基準による財務報告の目的は第一に法規（予算を含む）準拠性に係る説明責任を果たすことである。

　州及び地方政府の会計及び報告実務は、19 世紀の最後の 10 年間で急速な都市化に伴い従前の行政構造が機能しなくなるまで、ほとんど関心が払われなかった。この頃、不正が横行したため、不正改革運動の勃興とともに、地方公共団体が利用可能な資源の会計処理方法に関心が高まることになった。

　しかし、一部の州における州法による財務報告に係る規定の制定やAICPA、全国政府会計委員会（National Council on Governmental Accounting：NCGA）等の民間団体の努力にかかわらず、地方公共団体の財務会計及び報告の質は大きくは改善しなかった。結果、1970 年代のいくつかの大都市で起こった財政危機の原因として、財務報告の不備が指摘された。1970 年代末及び 1980 年代半ばには、地方政府の財務報告及び監査の広汎にわたる不備に関して多くの研究が行われた。この時点で、地方債残高は 3 千億ドルを超え、連邦政府及び州政府の地方政府への支援額も年間 1 千億ドルを超えており、地方政府の財務会計及び報告の問題は全国的に注目されることとなった。

　1979 年、上院で州及び地方政府の会計及び財務報告基準を策定する権限を連邦政府に置く法案が検討された。結果的にこの法案は成立しなかったが、事態が改善しない限り連邦政府が規制に乗り出す可能性を示唆した。一方、当時第一の政府会計基準設定主体であった全国政府会計委員会（NCGA）の力が減速し、代わって FASB をはじめとする他の会計専門組織も地方公共団体の会計基準案の独自の策定に乗り出した。その後、政府の財務諸表作成者、AICPA、地方公共団体財務官連盟（Municipal Finance Officers' Association：MFOA）やその他の関連団体との間の長い期間にわたる調整の結果、財務会計財団（FAF）は 1984 年政府会計基準審議会（Government Accounting Standards Board：GASB）を設立し、州及び地方政

府の財務報告に関して権限のあるガイダンスを提供する権限を与えること
になった。

3 GAAPの概要

　図表 2-16 は、GASB によって示された一般目的外部財務報告の中の必須
項目である。この財務報告モデルの頂点に位置付けられる「経営者による
討議と分析（MD&A）」は、必須補足情報であり、平易な文章で基本財務諸
表の目的や政府の現在の財政状態や財政活動の成果を前年度と比較して伝
えるものである。

　図表 2-16 で示したように、GASB は、基本財務諸表として政府全体の財
務諸表とファンド財務諸表という 2 つのカテゴリーを設定している。政府
全体の財務諸表は完全発生主義に基づく政府純資産の全体としての額とそ
の変化の概観を与えるためのものである。ここで純資産（ネットポジショ
ン）という用語を用いているが、これは FASB で定める企業会計における
純資産（ネットアセット）と実質的に同じである。政府全体の財務諸表は、
全体としての政府の状態を報告するもので、事業上の説明責任、つまり、

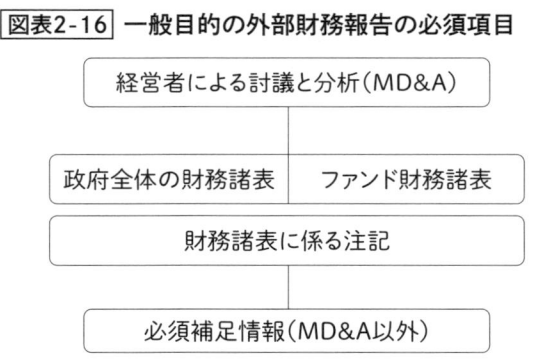

図表2-16 一般目的の外部財務報告の必須項目

出所：GASB 第 34 号「州及び地方政府の基本財務諸表と MD&A」第 7 項。

政府が事業目的を達成するに当たり、資源を効率的かつ有効に使っているかどうかを評価するのに役立つ。

　もう一方のファンド財務諸表は、政府の財務情報の詳細を提供する。ファンドの中には、政府ファンドと呼ばれているものがあり、経済資源の流出入よりも短期的な流動財務資源の流出入に焦点を当てる。「流動財務資源」に焦点を当てることにより、財務的な説明責任の遂行、つまり利用者が財務資源の利用に関する規則等に準拠しているかどうかを評価することを可能にする。「流動財務資源」とは、現金または未収入金のように当財政年度中に現金化され、年度終了直後に当年度の負債の支払いに利用可能な資源のことである。このため、（ファンドバランス＝流動資産―流動負債）は、財政年度終了後に残存する「利用可能」な短期財務資源を意味する。

　このような政府ファンド会計に用いられる会計を修正発生主義という。ここでは、収益は測定可能かつ支出に充てるのに利用可能となった時点で認識し、支出（費用ではない）は現在の財務資源から支払われなければならない債務が発生した時点で認識することになる。

　ここで「利用可能」という概念が重要である。GASB は財務諸表の構成要素について、通常、企業会計でみられる5要素に加えて、「繰延資源インフロー」及び「繰延資源アウトフロー」という2要素を加えた。すなわち、「繰延資源インフロー」は、「利用可能な年度以前に受領された資源」と定義される。通常であれば、このような項目は「前受金」等の流動負債として会計処理されるが、厳密には負債の定義を満たさず、当年度は利用可能ではない。「繰延資源アウトフロー」はその逆である。このような項目を資産・負債と区別することにより、ファンド会計におけるファンド残高は利用可能な短期財務資源を示すことになる。

　なお、GASB は、一般目的外部財務報告に基本財務諸表以外に MD&A を含む必須補足情報を含めることを規定している。必須補足情報以外にも、政府機関はその他の補足情報を開示することが奨励される。

4　資金調達におけるメリット

　前述のように、各地方公共団体は、法令（予算）基準に準拠した財務報告を行うことが義務付けられるものの、連邦法あるいは州法等で明記されない限り GAAP への準拠の義務はない。GAAP 準拠の財務諸表を作成するということは、とりもなおさず法令（予算）基準と二重の基準で財務諸表を作成することを意味する。このようなことから、アメリカの地方公共団体の財務報告の実務は、多様なものとなった。

　GAAP を採用するかどうかは、各地方公共団体のマネジメントの問題との見解も聞かれた。自発的に採用する地方公共団体の財務担当者に理由を尋ねたところ、資金調達活動に結び付ける回答が圧倒的に多かった。米国地方債市場では発行体の財政状態が資金調達コストに反映される。また、透明性を確保するために GAAP を採用する努力もプラスに評価される。各地方公共団体は、有利な資金調達のため透明性の確保に注力する。そのための主要な柱が GAAP である。

　前述した GASB は、地方公共団体の透明性と説明責任を推進するため、高品質な GAAP の構築に継続的に取り組んでいる。最近では、公務員やその被扶養者に約束した退職後の年金・医療サービス給付に係る潜在的債務を認識する新基準[24]が施行となり、その財政的インパクトが全米で話題となった。中には地方債の格下げにつながった地方公共団体もあったが、将来顕在化する財政負担を明るみにし、計画的な対応を促す効果があった。GAAP の普及の要因としては、高品質な会計基準として正当性が認められ、地方公共団体の説明責任及び透明性の向上に資するとの認識が広まっていることが挙げられる。

　このような潮流を背景に、州法において GAAP 適用を義務付ける地方公

---

[24] GASB75 号「年金以外の従業員退職後給付の会計処理及び財務報告」。

共団体もある。例えば、インディアナ州では、近時、州法が改正され、5年を超える期間の地方債を発行する地方政府に対して原則として GAAP の採用を 2017 年～ 2020 年にかけて段階的に義務付けることとなった（インディアナ州法 5-11-1-4(d)）。

　以上のことを総合すると、GAAP 準拠の財務諸表を作成する意義としては、以下のようなことが考えられる。

　第一に、単一監査法では、GAAP に準拠しているかどうかの監査意見を求めている。州法等で財務報告の基準として、法令（予算）基準が第一義的に求められており、これに準拠している場合は、「特別目的フレームワークに基づいた一般利用の財務諸表」となる。この場合、GAAP では不適正意見、法令基準では適正意見という二重の意見が述べられることとなる。二重の意見を回避するには、GAAP 準拠が必要となる。

　第二に、GAAP 準拠の財務諸表は格付機関及び地方債アナリストから一般的に高評価を受け、結果的に低利の資金調達が可能となる。

　第三は、第二の点とも関連するが、法令（予算）基準は州内の地方公共団体の比較可能性を担保するものの、州を超えた比較可能性は担保しない。一般に、ファンド会計を含む GAAP は全国的な比較可能性を担保するための基準であり、これに準拠して作成された財務諸表は外部監査人の監査に馴染むものとみなされている。

　GASB が 50 州の法令を対象に、州がそれらの下位の地方公共団体の一部あるいは全部に対して GAAP に準拠した年次財務報告を作成することを求めているかどうかを調査した結果、3/4 の州（36）は少なくとも一定の下位の地方公共団体に対して GAAP 準拠を求める法令規則を有しているとしている [25]。

---

25) Research Brief : State and Local Government Use of Generally Accepted Accounting Principles fir General Purpose External Financial Reporting, GASB, March 2008.

5 地方債市場における透明性の推進

（1）地方債に係る情報開示

　「本章 Ⅱ 4 資金調達におけるメリット」では、GAAP 準拠の監査済財務諸表を含む包括的年次財務報告（Comprehensive Annual Financial Report：CAFR）の作成に向かう 1 つの大きな要因が資金調達の有利性にあることを述べた。地方債市場は 4 兆ドル規模に達する大きさであり、社会経済的にも大きな影響を与える。

　地方債には大きく 2 つのタイプがある。一般債とレベニュー債である。一般債は、政府機関が発行する特定のプロジェクトや収益源が紐付けられていない債券である。通常は、元利金は一般財源から支払われ、地方公共団体の信用力によって支えられている。レベニュー債は、特定のプロジェクトや収益源から上がる収益によって裏付けられている債券である。ただし、これらの種類の中でも多様なものがあるため、SEC は、投資を行う場合、これらの分類のみならず使途や返済財源等についてチェックするよう勧告している。格付機関による信用格付は参考になるものの、投資の意思決定に当たっては、単に格付に頼るだけでなく、目論見書（official documents）等を検討してリスクを自ら判断することが必要であるとしている。

　特に、重要なのは、発行体や引受機関の財政状態、すなわち元利をすべて支払えるかどうかである。発行体や引受機関の財政状態を評価するに当たっては、監査済財務諸表や目論見書を入手し、

- 同じ収益源から支払われたり、影響を与えたりする負債やその他の長期債務（従業員の年金やその他の退職給付債務を含む）がないかどうか
- 失業率、所得、福祉、税負担当を含む当該地域経済の状況

等を確認する必要がある。

　発行体や地方債に関する目論見書及び最新の情報は、後述の地方債データベース（Electronic Municipal Market Access：EMMA）のウェブサイトで入手することができる（「本章Ⅲ **5**（2）③地方債規制審議会と地方債データベース（EMMA）」参照）。

　また、目論見書には、通常「投資リスク要因」や「投資の留意点」という章を設け、投資の意思決定に関係する情報を提供している。目論見書の付録には発行体に関する適切な財務情報が載せられる。

（2）証券取引委員会

①証券取引委員会の使命と法執行活動

　SEC は、大恐慌後の 1934 年証券取引法によって創設された政府機関である。SEC の使命は、投資家の保護、適正かつ秩序正しい効率的な市場の維持、資本形成に資することである。SEC の中の地方債局（Office of Municipal Securities）が地方債市場を所管している。

　1929 年の大恐慌の反省から制定された 1933 年証券法及び 1934 年証券取引法は、地方債に関して大幅な適用除外を認めた形で発効された。しかし、地方債市場の全国的な広がりから、また地域経済や州・地方政府にとっての重要性から、地方債の発行体による重要な情報の適切な開示については、連邦政府の利害関係が優先した。そのようなことから、連邦議会も不正防止条項[26] を適用除外とはしなかった。不正防止条項は、発行体、ディーラー等が重要な事実につき不実の記述をしてはならないこと、売出

---

[26] 証券法 17（a）：証券の売出或いは売買において、不正や虚偽表示を禁じる条項。
　　証券取引法 10b：SEC に証券取引において操縦的或いは不正な勧誘を行う実務を取り締まるルールを発効させる広汎な権限を付与。
　　　　10b-5：10b に基づく規則で、違法なインサイダー取引等の取締りの根拠として用いられる。

や売買に関連する開示書類から重要な事実を省き誤解を生むことがないように することも含まれる。地方債の発行体による目論見書や継続的な年次、定期的あるいは随時のディスクロージャーの内容は不正防止条項の適用を受ける。

SEC は、過去 20 年間にわたって、地方債の売出及び開示に係る不正、賄賂を含む公務員の不正（Pay-to-Play[27]）に対して取り締まりを強化してきた。

②継続開示の充実

1994 年、SEC は、証券取引法ルール 15 c2–12 を改正し、発行体が証券及び発行体の財政状態や業務データについての継続開示を最初の売出の際に約束しなかった場合は、引受者がその発行体の証券を二次市場で売買を禁じることとした。

2008 年、SEC はこの規定を再度改正し、③で記述する地方債に関する全国統一的に管理する EMMA を作成することとした。

近時、地方債市場をめぐり、市場での募集や売出によらない相対取引（私募債等）が増え、そのような取引の場合の開示が不十分であるとの指摘がされていた。そのような状況に鑑み、SEC は 2018 年 8 月、証券取引法に基づく開示ルール 15 c2–12 を再改正し、発行体や引受人に金融債務の適時の開示を求めた。

新しいルールでは、発行体あるいは債務者が引受人との間の継続開示協定において提供することとされている事象に、2 つの事象を加えることとした。

2 つの事象とは、

i 債務者の重要な金融債務（financial obligation）の発生、誓約、支払

---

27) 資金運用等の業務を獲得するために賄賂を行うことを指す。

　　不能の事実、回復、優先権その他債務者の財政的負担に係る同様の文
　　言で、投資家に重要な影響を与えるもの
ⅱ　支払不能、早期返済をもたらす事実、契約終了をもたらす事実、契
　　約条項の変更等、債務者の財政的負担に係る条項の下で、財政的困難
　　を反映する事実

のことである。

　また、「金融債務」の定義を「借入債務、保証、特定のデリバティブ商
品、司法・行政・裁定取引から発生する貨幣的債務。これには、最終的な
目論見書がルール 15c2-12 に従って MSRB に提出されている地方債は含ま
ない」とした。このうち、「借入債務」とは、信託証書、借入契約書等の将
来返済が必要となる契約に基づく発行体や債務者の短期または長期の債務
を網羅する狙いがあり、例えば投資家向けの私募債の発行、銀行による直
接貸付もこれに含まれるとされている。

③地方債規制審議会と地方債データベース（EMMA）

　1975 年の改正により創設された地方債規制審議会（Municipal Securities
Rule Making Board：MSRB）は、SEC の監督を受ける自己規制機関である。
地方債規制審議会は、地方債取引を規制するルールを採択する機関であ
る。この権限は、Dodd-Frank 法[28]によって拡大された。対象範囲は、ブ
ローカー、地方債取引ディーラーによる地方債取引、地方債金融商品ある
いは地方債の発行に係る助言及びそれらの見返りの要求に係る規制を含
む。

　2008 年の取引法ルール 15c2-12 改正は、MSRB を地方債の継続開示に係
る中心的なデータ登録機関として指定し、2009 年の EMMA ウェブサイト

[28) 2008 年の金融危機を受けて、規制権限を強化した。わが国では「2010 年ドッド・フラ
　　ンク・ウォール街改革・消費者保護法」として知られている。

図表2-17　EMMAの画面イメージ

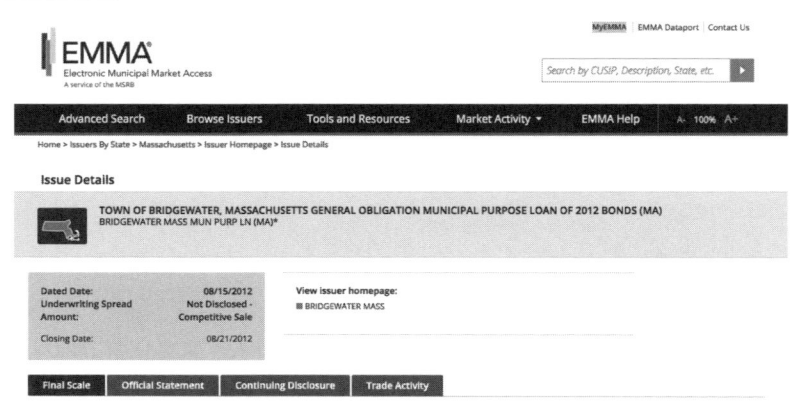

出所：https://emma.msrb.org/IssueView/Details/EP355362

　開設は、投資家に対して発行市場のみならず継続的な開示文書の利用可能性を改善した。

　発行時の目論見書に加え、多くの追加的なカテゴリーの継続開示資料、例えば、４半期、その他の中間財務・事業データ、予備的目論見書、その他の売出前の資料、満期前借換に関する書類、監査済財務諸表及び年次財務書類、発行体のウェブサイトから利用可能な他の情報へのリンク等も備えている（図表 2-17）。

　発行体の財務情報は、毎年更新される。さらに多くの地方債発行者は、元利金の滞納やそれ以外の債務不履行の事実、格付の変更、証券に関係する税金に影響を与える事象、債券の償還や繰上償還等を「重要情報」として提供している。

6　倒産事例と財務情報

（1）地方公共団体の倒産制度

アメリカの地方公共団体には倒産制度があるということはよく知られている。ただし実際には、倒産という選択肢は、州の統治権により法的に制限されている場合が多い。すなわち、州は課税権を有し、州内の地方公共団体に対して均衡予算を遵守するよう求める法令上の根拠を持っていることが多いからである。州は、域内の地方公共団体が支払不能となった際に、倒産という選択肢をとるかどうかの判断を行う。

現在、12の州においてのみ、一般目的地方公共団体[29]が連邦倒産法第9章に基づく倒産の申請をすることを認めており、その他12州は、条件付きでそのような申請を認めている。残る26州は第9章による倒産の承認はしないか、申請自体を禁じている。

倒産自体まれであり、申請が可能な地方公共団体にとってもラスト・リゾートである。

なお、連邦破産法第9章は、連邦政府の財政的支援を規定しておらず、破産を申請しても連邦の資金援助を受けられない。

（2）近時の倒産事例

1970年から2015年までの間、98の格付けのある地方公共団体の債券に関してデフォルトが発生したが、このうち、7件のみが市やカウンティ[30]のものであった。その他の大多数は、非営利の病院や住宅プロジェクト

---

[29] 市町村のように広範な権限と機能を持つ地方公共団体。これに対し、学校、病院等、特別の目的のために設立された組織を特別目的地方公共団体という。

[30] 州によって位置付けが異なるが、通常は州と市町村の間にある組織。「郡」と訳されることもある。

ファイナンスのものであった。

　図表2-18は、市及びカウンティの六大倒産例である。デトロイト市の負債額は、群を抜いた大きさである。また、人口が最も多い地方公共団体でもある。

　地方公共団体のデフォルト率は企業に比べて低いが、2011年以降に多発している。これらの地方公共団体の財政的な問題は、長期間にわたる経済的問題のほか、その他の独自の事情による場合がある。以下では、比較的規模の大きい倒産事例、デトロイト市とジェファーソン・カウンティの事例について、倒産に至った背景を要約する。

　デトロイト市は、ミシガン州で最大の都市であり、ウェイン・カウンティの中心地である。市は自動車産業と貿易の町として世界的にも知られている。市は、セントローレンス川を利用した水路から世界の港に通じており、国際的な水路上にある。

　国内の自動車産業の衰退とともに、市は、過去数十年間にわたって経済的な逆風を受け、州による収益分配の激減のほか、所得税及び財産税の減少の影響を受けた。倒産時の人口は1950年と比べ60％も減少し、失業率は2000年の水準の約2倍であった。

図表2-18　主な地方公共団体の倒産（金額順）

地方公共団体	負債総額(B$)	影響を受ける人口(人)	申請年度
デトロイト市	18.0	701,000	2013
ジェファーソン・カウンティ（アラバマ）	4.2	659,000	2011
オレンジ・カウンティ（カリフォルニア）	2.0	2,400,000	1994
ストックトン（カリフォルニア）	1.0	292,000	2012
サンバーナディーノ（カリフォルニア）	0.492	213,000	2012
ヴァレーホ（カリフォルニア）	0.175	116,000	2008

(注) このほか、SECによるとプエルトリコが2017年に730億ドルの負債を抱えて倒産した。
出所：ニューヨーク・タイムズ（2013年7月18日）。

　市の収入は、毎年減少し続けてきた。市は、コスト削減努力と長期債の発行による資金にもかかわらず、収益を超える支出を容認してきた。いい換えれば、入ってくる分以上に使うわけで、キャッシュフロー・ベースでは早晩支払不能となることがみえていた。

　一方、ジェファーソン・カウンティは、アラバマ州の下部組織で、1819年に創設された。カウンティは、州の北中部に位置し、アパラチア山脈の南端にあり、南部の鉄、石炭、石灰岩産出地帯の中心地にある。また、当該カウンティは、アラバマ州で最も人口の多いカウンティで、金融、貿易、製造、輸送、医療、教育の中心地である。バーミンガム市は州で最大の都市でカウンティの中心である。

　カウンティの財政破綻は、首長命令により、カウンティ全体の下水道システムの大掛かりな改修を実施したことに始まる。不必要に高額の投資に不正も重なり、コストが大幅に膨らんだ。これは当然利用者に請求される下水サービス利用料に跳ね返り、市民の怒りを買うことになった。市民からの圧力により、カウンティは、負債コストを抑えるために、デリバティブ取引に依存するようになる。折からのサブプライム危機に端を発するマクロ経済ショックが地方債市場に波及し、これに悪影響を受ける地方債発行体の格下げにつながった。これにより変動金利負債の金利が急上昇した。カウンティは返済に窮し、格付会社は下水道事業債を返済不能格付けとした。そしてカウンティの財政危機は現実のものとなったのである[31]。

（3）投資家の意思決定のための財務情報

　「本章Ⅲ **5** （1）地方債に係る情報開示」で紹介したように、SEC は、投資家に対して、投資を行う前に財務情報を十分検討するよう促している。SEC

---

[31] ジェファーソン・カウンティの財務情報については、以下のホームページを参照。https：//www.jccal.org/Default.asp?ID ＝ 1223&pg ＝ Audits+%26+Financials

図表2-19 デトロイト市の倒産申請前後の財政状態

（単位：$000）

	Govermental Activities		Business-type Activities		Total Primary Goverment	
	2013	2012	2013	2012	2013	2012
Current and other non-current assets $	1,583,883	$ 1,627,459	$ 1,513,742	$ 1,589,855	$ 3,097,625	$ 3,217,314
Capital assets	1,511,817	1,480,001	5,200,965	5,361,908	6,712,782	6,841,909
Total assets	3,095,700	3,107,460	6,714,707	6,951,763	9,810,407	10,311,197
Deferred outflows of resources	-	203,118	-	48,856	-	251,974
Current and other liabilities	608,324	871,310	344,803	392,871	953,127	1,264,181
Long-term obligations	3,295,168	3,119,669	6,240,290	6,299,321	9,535,458	9,418,990
Total liabilities	3,903,492	3,990,979	6,585,093	6,692,192	10,488,585	10,683,171
Deferred inflows of resources	-	-	-	-	-	-
Net position:						
Net investment in capital assets	832,127	803,654	525,964	1,047,594	1,358,091	1,851,248
Restricted	75,056	73,786	244,040	461,973	319,096	535,759
Unrestricted(deficit)	(1,714,975)	(1,557,841)	(640,390)	(1,201,140)	(2,355,365)	(2,758,981)
Total net position (deficit) $	(807,792)	$ (680,401)	$ 129,614	$ 308,427	$ (678,178)	$ (371,974)

出所：デトロイト市包括的年次報告書「経営者による討議と分析」。

　の継続開示の要請により、倒産申請をしたデトロイト市やジェファーソン・カウンティ等も、毎年監査済の包括的年次財務報告を公表している。つまり、投資家にとっては、信用リスクと引き換えに高い金利を享受するかどうかの判断のための材料が十分に提供されており、自己責任のルールが徹底されているといえる。

　図表2-19は、市の財務責任者が、年次報告書に含まれる「経営者による分析と討議（MD&A）」において、要約貸借対照表を掲載したもので、純資産（net position）が財政状態の健全性の指標として重要であるとして、市

の厳しい財政状態を説明している。

　市は、GAAP 準拠で財務諸表を作成している。純資産の主要な部分「非拘束性純資産」[32]は、2012 年 6 月期、2013 年 6 月期とも市府全体で 2 千百万ドル（約 2 千億円）を超える巨額の赤字となっている。

　2012 年 6 月末時点で、デトロイト市発行の一般債に対して、ムーディーズ[33]は B3、S&P[34]は B、フィッチ[35]CCC はという格付けを行った。その後、2013 年 6 月 15 日、市は、返済期限の来た負債の元利払いが不能となり、同年 7 月 18 日に倒産法第 9 章の申請を行った。

　監査人[36]の 2012 年 6 月期及び 2013 年 6 月期財務諸表に添付した監査報告書では、市の財務諸表は、すべての重要な点において GAAP に準拠し適正であるとの意見を表明している。ただし、2013 年 6 月期の監査報告書（2014 年 7 月 25 日付）では、強調事項（Emphasis of Matters）において、継続主体（Going Concern）の不確実性を記載している。

---

32) 貸借対照表の左側の資産に投資され対になっているか、使用に制限があるなど拘束されている額以外の純資産。
33) Moody's Investors Service, Inc.
34) Standard and Poor's Corporation.
35) Fitch IBCA, Inc.
36) KPMG LLP.

業績監査

1 ワシントン州監査人による業績監査

　これまで財務諸表監査に焦点を当てて記述してきたが、それ以外の監査についてどのような種類の監査を、誰が実施するかについては、各州法等が規定している。例えば、西海岸の最北端にあるワシントン州においては、州監査人（State Auditor）が州及び州内の地方公共団体の監査に大きな役割を果たしている。州監査人は公選制で選出される一方、総勢350人を超える州監査室スタッフ（Washington State Auditor's Office：WSAO）は一般職とは別に採用される独立的、専門的集団である。これらは行政府に属する。

　地方公共団体に対して行われる監査としては、財務諸表の適正性をチェックする監査や法令等に従っているかどうかをチェックする準拠性監査が一般的であるが、ワシントン州において特筆すべきは、州監査人がこれらの権限に加えて、強力な業績監査の権限を有していることであろう。業績監査とは、行政のパフォーマンス、つまり事務事業等の経済性、効率性及び有効性を一定の規準に照らして評価する監査のことで、地方公共団体運営の改善と市民への説明責任の向上に役立つ。

　2005年11月に市民の直接投票により採択されたイニシアティブ900は、州監査人に州政府機関、地方政府、公立教育機関等の包括的な業績監査を実施する権限を与えた。この成立に尽力した当時の州監査人[37]は、相次ぐ

---

[37] 1993年に州監査人に就任した Brian Sonntag 氏は、州内のカウンティの一吏員からカウンティ監査人、その後、1992年の州監査人の選挙に立候補し当選した。州監査人就任後、監査改革を実践した。

不祥事により市民の州政府に対する不信が高まってきていることに鑑み、州政府と市民との信頼関係をつなぐ役割を担うのがまさに州監査人の役割との認識のもと、監査を通じて市民の政府に対する関心と信頼を高めようとした。結果、イニシアティブ900は成立し、その都度議会の予算の承認が必要であった業績監査は、独立した財源を確保して継続して行えるようになった。

　州監査人の権限には、政策そのものの経済性、効率性及び有効性をチェックすることも含まれ[38]、州法の改正を勧告することもできる。監査結果が出る都度、議会は公聴会を開催し、市民の意見を聞く。予算編成に当たっても監査結果を斟酌しなければならず、州法等の改正勧告の実施状況もフォローアップしなければならない。このように、業績監査には、立法府との連携や市民への直接的な対話の仕組みも組み込まれている。

　監査の実施に当たって規範となるのは、GASの業績監査基準である。お手盛り「準拠」を防ぐため、外部機関によるピア（相互）レビューを受け、政府監査基準（GAS）に従って監査が適切に実施されていることを確認している。

2　GASの定める業績監査基準

　「第1章Ⅲ4(2)③公監査の分類」で記述したように、業績監査は、経営者やガバナンス及び監督に責任を負う者に客観的な分析、発見事項、結論を伝え、その情報を利用することにより、プログラムの成果や運用を改善し、コストを削減し、監視及び是正措置を推進する責任を有する者による意思決定を支援し、究極的にはパブリックアカウンタビリティに寄与する。

38）監査は、通常は政策の是非に立ち入ることはできないとされているため、ワシントン州の場合は通常の権限を上回ると考えられる。

業績監査とは、十分かつ適切な証拠に基づき一定の規準に照らして、発見事項あるいは結論を提供する監査と定義される（GAS1.21）。

　業績監査を実施する際の必要条件は、「第1章Ⅲ**4**（3）業務監査の要件」を参照されたい。

3　業績監査の監査報告書例

　ここでは、ワシントン州監査人室の実施した業績監査の例「州犯罪履歴データベースの完全性の改善」[39]を紹介する。

（1）背景

　ワシントン州警察（State Patrol）は、州内で起きた犯罪履歴データベースを維持し、軽重すべての犯罪に係る逮捕及び処分情報を完全に記録する責任がある。州は、それらの情報を連邦捜査局（the Federal Bureau of Investigation：FBI）とも共有し、全国犯罪履歴データベースに含める。このデータベースは、FBIの指紋による犯罪履歴チェックに用いられる。各州の努力でこの犯罪履歴を完全なものにできたならば、全米でメリットが享受できることになる。

　この監査報告書には記載がないが、これに先立ちGAOは州政府による不完全なデータベースの改善努力について各州の実態調査を行い、その結果を2015年2月に「「犯罪履歴」[40]として公表している。この調査に当たっては、ワシントン州も調査対象に含まれ、州は協力をしている。

---

[39] Performance Audit "Improving the Completeness of Washington' s Criminal History Records Database", Washington State Auditor（June 15, 2015）.

[40] "CRIMINAL HISTORY RECORDS Additional Actions Could Enhance the Completeness of Records Used for Employment-Related Background Checks"（GAO-15–162）（February 2015）.

　ワシントン州身元特定システム（the Washington State Identification System：WASIS）は、学校の教師、少年少女育成クラブ、高齢者・身障者の保護施設等、社会的弱者を対象とする事業体の職員採用時に身元確認のため頻繁に利用されている。

（2）監査の目的

　ワシントン州身元特定システム（WASIS）が完全であるかどうか、完全でなかった場合は、その原因について判断すること。

（3）監査基準

　政府監査基準（業績監査）に準拠して実施する。

（4）規準

　本文中に独立した見出しを設けて記載はされていないが、付録 A[41]に規準とした「ベストプラクティス」の記述があり、「どのように処理情報の報告を改善するかについて連邦政府が打ち出した戦略」を用いたとしている。

（5）範囲と手続

　実施した手続と範囲については、以下のように記載されている。

①　関係する連邦法、州法及びその他の法令規則の検討

②　2012 年（暦年）1 年間の司法情報システム（the Judicial Information System：JIS）の記録と WASIS の記録の照合（ただし、WASIS に登録されていない逮捕歴は、入手可能な他の情報が不備のため対象外とする）

41）イニシアティブ 900 に関連する規定により、実施した各業績監査をコスト節減、不要な政策の廃止等、監査の成果等を 9 項目により評価することになっており、そのうちの 9 番目の項目。

③　関係する施設への訪問調査、役職員へのインタビュー　等

（6）結論

WASIS（the Washington State Identification System）は、不完全である。

（5）②の照合手続の結果、司法情報システムに登録されている処分事例の 33％が WASIS に登録されていないことがわかった。そのうち 11％は重大犯罪であり、89％は軽犯罪（飲酒等運転、窃盗、暴行等）であった。これらの WASIS に記録されていない逮捕歴のある者の半数以上が少なくとも 1 回は、州社会健康サービス省の定める不適格犯罪（ハラスメント、児童虐待、家庭内暴力等）によって処分されていた。

この WASIS への登録漏れの直接の原因は、以下の 2 つの要因による。

ⅰ）指紋が採取されなかったため、プロセス・コントロール番号（Process Control Number：PCN）が作成されなかったこと

ⅱ）処分情報を司法情報システム（JIS）に入力する際、プロセス・コントロール番号（PCN）が入力されなかったこと

図表 2-20 からわかるように、逮捕に係る情報とその後の起訴等の処分の情報が結び付かないと、身元特定システム（WASIS）上の記録には残らない。2 つの情報を結び付ける要が、プロセス・コントロール番号であるが、逮捕され指紋が採取されて初めてプロセス・コントロール番号が発行される。

前述の 2 つの現象が起きる原因は、州法以下の法令規則やガイダンスが不十分であることによるとしている。つまり、州法は軽犯罪で逮捕された個人が拘留されない限り、指紋を採取することを規定していない。さらには、指紋が採取されていた場合であっても、司法情報システム（JIS）には、プロセス・コントロール番号（PCN）がなくても登録できるうえ、仮にプロセス・コントロール番号（PCN）があることを知っていたとしてもこれを法執行機関から受け取らない限り入力しない場合があることがわかった。

さらにインタビューから、法執行官及び法廷事務官がプロセス・コント

図表2-20 プロセス・コントロール番号（PCN）は、逮捕情報と処分情報をリンクさせる

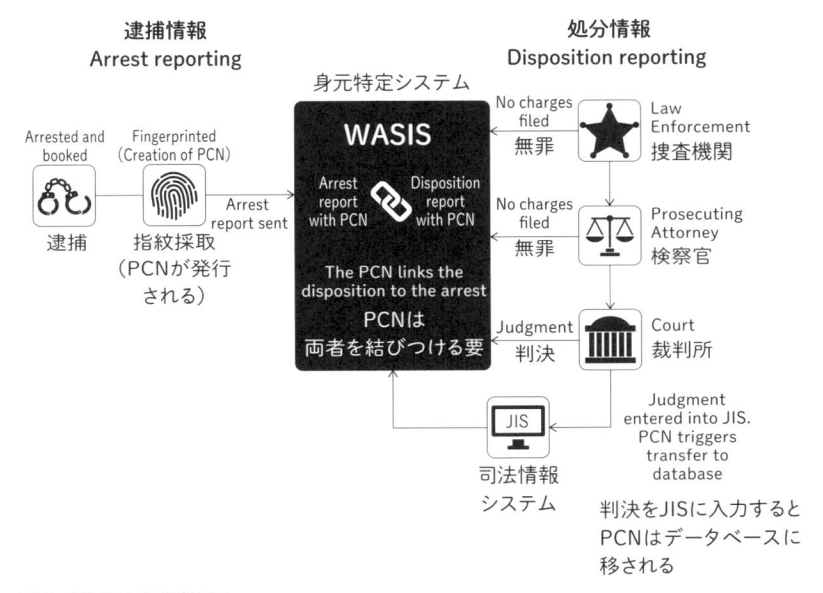

出所：WSAO同報告書7頁。

ロール番号（PCN）の目的や用途を理解しておらず、それらに関する明確なガイダンスがないことが判明した。

（7）勧告

勧告については、以下の3項目を含めた6項目が挙げられている。

（勧告1）軽犯罪で逮捕された人物に関してもすべて指紋を採取するよう州法及び関連規定を改正することを検討すること

（勧告2）法執行機関、法廷及びカウンティ事務官が処分情報を入力する際、プロセス・コントロール番号（PCN）も併せて入力するよう州法及び関連規定を改正することを検討すること

（勧告3）法執行機関、法廷及びカウンティ事務官に対して、PCNの使用

について、犯罪歴記録情報を報告する際に、それらの用途やどのように使用されるか等につき、より明確な指示を提供することによりガイダンスを明確にすること

（8）関係する機関の回答

　監査報告書の末尾には関係する機関[42]の回答が添付され、各勧告事項に対してアクションプランとそれらのタイム・フレームが記載されている。前述の勧告のうち、（勧告1）（勧告2）については州法等の改正の検討を進める、（勧告3）については年度内にガイダンスの更新をすると回答している。

---

[42] 本報告書の場合、州警察（Washington State Patrol）及び財務管理室（Office of Financial Management）の長官の署名がある。

第3章

イギリス地方公共団体の
監査及びガバナンス制度

　本章では、イギリスの地方公共団体の最近の監査の動向から、わが国の参考になると考えられる 3 点を取り上げる。1 点目は監査委員会（Audit Commission）の果たした役割、2 点目は地方公共団体におけるガバナンス強化に係る取組みと課題、3 点目は外部監査人に義務付けられる業績監査である。

1 監査委員会の果たした役割

1983 年、サッチャー政権の下で設立された監査委員会は、32 年にわたる使命を終え 2015 年に閉鎖された。以下は、その設立から閉鎖の経緯を概観するとともに、その果たした役割を考察する。

（1）地方公共団体監査の変遷

イギリスでは、17 世紀初頭にイングランドで最初の地方税（救貧税）が課されて以来、地方公共団体の公金は外部のチェックを受けなければならないという基本原則が生き続けており、地方公共団体は自らが行う内部監査に加えて、外部監査によってもチェックを受ける仕組みとなっている。

19 世紀半ばには教会を中心とする教区（Parish）という地区単位で地区監査制度（District Audit Service）が導入されたが、19 世紀後半には、監査人は地区監査官（District Auditor）として国家公務員となり、環境省が外部監査を所管することになった。

1972 年には、外部監査業務に一定の資格を持つ民間人が従事することが可能となり、民間の公認会計士が外部監査人として任命されるようになった。

（2）サッチャー政権による監査委員会の設立

成文憲法を持たないイギリスにおいては、地方自治の範囲は、「地方政府法」等によって定められ、時々の政権によってその範囲が拡大あるいは縮小されてきた。

サッチャー政権からメージャー政権に至る保守党政権（1979 ～ 1997 年）の下では、石油ショックによる財政危機の状況下で、地方公共団体経営においても徹底した効率化が進められた。

サッチャー政権の最大の目標は財政赤字の解消と小さな政府の実現であ

り、後者を実現する具体的な手段が民営化であった。こうした方針は、地方公共団体に対してより徹底した形で打ち出された。サッチャー政権の地方政府再構築計画は、地方財政の抑制、公共サービスの民営化と市場化に特徴付けられる。市場化原理の実現の有力な手段として、競争強制入札制度が導入された。

　監査のあり方も政治の影響を強く受けることになる。1982 年地方政府財政法は、地方財政の統制強化の一環として、地方公共団体の監査強化のために監査委員会を設立することを規定し、それに基づき翌年 1983 年に監査委員会が設立された。それにより地方公共団体の外部監査サービスの管轄は、環境省から監査委員会に移されることになった。

（3）監査委員会の役割と監査基準

　監査委員会は、政府から完全に独立した主体で、監査報酬を収入源として独立採算制をとった。権限の及ぶ範囲は、イングランドとウェールズの地方公共団体、国民医療機関（National Health Service：NHS）、警察及び消防機関を網羅し、それらの被監査機関のバリューフォーマネー（Value for Money：VFM、3E と同義）の改善を図る法的責任を担う。

　監査委員会の主な役割は以下のとおりである[1]。

(i)　地方公共団体と NHS 等の監査人を任命する。

(ii)　監査基準（Code of Audit Practice）を確立し、監査の品質を監督する。

(iii)　地方政府と NHS 等の経済性・効率性・有効性を図り、比較研究その他の研究を促進する。

(iv)　地方公共団体の業績指標（パフォーマンス・インディケーター）を定義する。

---

1)　2000 年 Code of Audit Practice。

　(v)　ベストバリュー検査を行う。

　(i)に関しては、監査委員会は、監査人を地区監査官や民間の監査事務所から指名する権限を有する。監査委員会は地区監査官を多く抱えていた。委員会は、監査人に技術的な問題に関する助言や支援を提供し、厳格な品質管理プロセスを通して、その成果をモニターする。指名を受けた後は、監査人には法的責任やその他の責任を遂行する義務が生じる。監査人は監査委員会から独立した専門的判断を下す。

　1999年地方政府法により、地方公共団体には、VFM改善のための計画、すなわちベストバリュー業績計画の策定、その妥当性に対する外部監査人の監査、それに加えて必要な場合は監査委員会による検査制度が導入された。それ故、2000年監査基準では前述の5点が監査委員会の役割として挙げられていたのである。

　監査基準は少なくとも5年に1回改訂されることになっているが、2010年監査基準では、監査委員の役割は、(i)及び(ii)のみに縮小されている。

(4) 監査委員会の廃止とイギリス会計検査院（National Audit Office：NAO）への部分的機能移管

　2010〜2015年の保守・自民連立政権の下では、財政赤字の削減が1つの課題であり、矛先は監査委員会にも向けられた。政府の見解によると、納税者のために任務を果たすべき監査委員会は、職員2,000人を抱える大組織に肥大化し、その運営はお金がかかりすぎ、非効率、非民主的になってしまった。監査委員会を閉鎖し、地方公共団体の監査をすべて民間会計事務所に任せた場合、年間50百万ポンド（約60億円）の節約になるとした[2]。

---

2)　2010年8月13日付 BBC News。

　よって 2014 年地方公共団体監査及び説明責任法は 2015 年 3 月末をもっ
て監査委員会を廃止することとした。監査委員会の任務のうち、監査基準
及びガイドラインの策定は、イギリス会計検査院（NAO）に移管された。

（5）監査委員会の果たした役割についての考察

　1983 年に創設された監査委員会は、地方公共団体の住民サービス提供
に係る経済性、効率性及び有効性を推進する独立した番犬（watchdog）と
しての役割を果たしてきたものと評価できる。2000 年監査基準では、将来
の業績計画まで監査対象に含めた VFM の改善とその妥当性に係る監査及
び検査まで業務範囲が拡大した。全国ベースでの住民サービスに係る VFM
の研究等は、誰のために地方公共団体が存在するのかという根本的な視点
に立ち返って、地方公共団体全体のサービス水準の向上と効率化の双方に
貢献したといえるのではないだろうか。

　しかしながら 21 世紀に入り、監査委員会の権限の強化に伴い監査や検
査が複雑化し、財政負担との比較考量では非効率で、もはや社会的意義が
失われているとの判断がなされたのである。

　振り返れば、膨張する地方財政に歯止めをかける一環として、それまで
中央政府の一省庁の担当であった地方公共団体の監査制度を改革し、新た
な独立機関を設立したのが監査委員会の始まりであった。過去 32 年間にわ
たって、地方公共団体に身近な専門の独立機関である監査委員会が、きめ
細かく地方公共団体を直接及び間接的に指導に当たってきたわけである
が、それが今後は、再び担当省の所管に戻されることになる。

　監査基準の設定権限が NAO に移管され、地方公共団体の住民サービス
に係る VFM を検証する調査も NAO に付与されるなど、公監査においては
中央政府も地方公共団体も頂点に NAO が立つことになり、公監査の司令
塔が一元化されたという点では前進であったと評価する。

　一方、次節で述べるように、財政難と住民サービスの多様化というリス

クが一層高まる環境下において、地方公共団体における VFM の確保が、中央政府の監督・指導により的確になされるのかどうかについては、この 30年間で地方公共団体自身がどの程度 VFM 改善の推進のための意識の改革とノウハウの習得を達成したのかに掛かっているのではないかと思われる。今後の地方公共団体の VFM の動向を注視したい。

2 地方公共団体のガバナンスのフレームワークとガバナンス報告書

（1）地方公共団体のガバナンスのフレームワーク

地方公共団体の現在のガバナンスのフレームワークは図表 3-1 のように描かれる。

住宅、地域社会及び地方政府省の会計官は、地方公共団体のガバナンスのフレームワークが適切なチェック・アンド・バランスの関係を構築し、それが適切に機能しているかどうかを確認する責任を有する。

地方公共団体は、財務担当官等、特定の役員を設置することが法律上要求されている[3]。これらの担当官は、懸念される事項に対して自らの所属する組織が注意を払っているかをチェックし、組織に対して意思決定と行動の検討状況を公にするよう要求する。これらの役職は、特別職として保護され、権力に対して真実を話すことができるように保護されている。

内部的なチェック・アンド・バランスの仕組みとしては、内部統制が挙げられる。これには、リスク・マネジメント、内部監査、内部通報の手続が含まれ、地方公共団体はこれらを含む内部統制システムを維持することが義務付けられている。このチェックの役割を果たすのが、各地方公共団

---

[3] 1972 年地方政府法セクション 151 によって義務付けられた財務及び支出に責任を有するセクション 151 担当官、1989 年地方政府及び住宅法により義務付けられた法令遵守を監視する監視官及び組織の全般的な機能をチェックする有料サービス担当長官。

図表3-1　地方公共団体のガバナンス・フレームワークの中核

地方公共団体協会
● 相互チェックを含めた自主的な改善

住宅・地域社会・地方省
● システムの有効性に係る責任
● システムを変更する権限、失敗の際に直接介入する権限

外部監査人
● 財務諸表に対する意見及びVFM手続に係る結論の表明

勅許会計士協会
● 実務基準の策定

選出された議員
● VFMを確保するベストバリューを含め、法的な義務のフレームワーク内で運営する
● リスクマネジメント、有効な内部監査、年次財務報告の作成を含む内部統制システムの維持に法的に責任を有する
● 監査委員会が選出議員に代わり財務上の監督を実施
● 全般的な通覧と精査機能により、メンバーに行政府の課題を認識させる
● 地域独自の秩序水準の設定により議員の倫理的行動を規律する

地方公共団体及びソーシャルケアオンブズマン
● サービス利用者の不服を取扱う独立ルート

法的権限と責任を有する役員
主要な3つの法律上規定された役員
● 有料サービス長官：職員配置及び組織上の問題を警告
● セクション151担当官：不均衡予算に係る警告
● モニタリング担当官：違法行為に係る警告
これらの3担当官には、特別職の身分保障を行い、政治的な環境の中で機能するように配慮

住民
● 選挙を通じて議員に説明責任を果たさせる
● 支出及び業績に係るデータを検証することにより権限を精査することが可能
● 地方公共団体は、住民に対し、対話と財務報告やその他文書へのアクセスを保証

⬚ 基準設定あるいは実務の定義
▢ 外部からのチェック&バランス
▨ 地方公共団体
▨ 住民

(注1) 他の省庁や公共サービス検査官は示していない。
(注2) 地方公共団体には、他の法定された役割もあるが、図に示した3つの役割を中心に焦点を当てている。
(注3) 矢印は、地方公共団体のガバナンスの手続に与える主な影響を示している。
出所："Local authority governance"　NAO (15 January 2019)Figure 1.

体の監査委員会（Audit Committee）等の組織である。

　外部的なチェック・アンド・バランス機能を持つものとして、第一に外部監査人が挙げられる。外部監査人は、年度の財務諸表に対して意見を付すとともに、地方公共団体のVFMを確保するための手続の妥当性についての結論を述べる。監査人は、問題となる事項に対する公の注意を喚起し、地方公共団体に再考を促す幅広い権限を持っている。地方公共団体及びソーシャル・ケア・オンブズマンは、個別の異議申し立てを検討する。地方政府連合による自主的な相互チェックは、外部の観点からの意見を地方公共団体に提供する。

（2）ガバナンス報告書

　イギリスの地方公共団体は、自らの組織のガバナンス（内部統制を含む）の整備及び運用に責任を有し、毎年、ガバナンス報告書を公表することが法定されている[4]。

　この法定のガバナンス報告書の記載方法については、英国勅許公共財務会計協会（The Chartered Institute of Public Finance & Accountancy：CIPFA）が地方公共団体首長会（Society of Local Authority Chief Executives：Solace）との協働によりガイドラインを出している。この報告書には、どのように過去1年間、ガバナンス手続の有効性が監視され評価されてきたかという点と、向こう1年どのような変革を計画しているかという点に焦点が置かれる。

　英国勅許公共財務会計協会は、年次ガバナンス報告書はコミュニケーションのための有効な手段であり、これを作成すること自体がガバナンスや内部統制の有効性を高める効果があるとしている。

　年次ガバナンス報告書の記載方法としては、以下のような点に注意すべ

---

[4]　the Local Audit and Accountability Act 2014 (a)に根拠を持つ The Accounts and Audit Regulations 2015 による。

図表3-2	年次ガバナンス報告書の必須項目

- 健全なガバナンスのシステム（内部統制を含む）を確保する責任の明確化と、各地方公共団体のガバナンス・コードの引用
- 計画されたアウトカムの達成を支えるガバナンスのフレームワークとその整備と維持に責任を負う者の役割の主要な内容に言及して、その有効性を評価すること
- ガバナンスの手続が提供する保証水準に関する意見
- 重要なガバナンス上の問題に取組むためのアクションプラン、過去に指摘された問題がどのように解決されたかについても触れる。
- 結論
- 地方公共団体の評価メンバー代表者及び長の署名

出所：Delivering Good Governance in Local Government Framework 2016 Edition.

きとされている。

- 有用かつ簡潔な説明を提供すること
- 高レベル、戦略的な内容で率直かつ読みやすい文体で記載すること
- アウトカムと VFM に焦点を当て、その分野の地方自治体のビジョンに関連付けること

様式は決まっておらず、各団体のそれぞれの特徴や課題に応じた記載が奨励されるが、図表 3-2 の内容は含まなければならない。

（3）最近におけるガバナンスに係る動向

イギリスの地方公共団体は、2010 年頃から、資金不足及び多様化する住民ニーズへの対応という点で重大な課題に直面している。これらの問題に適切に対応できていない地方公共団体がみられることから、NAO は地方公共団体におけるガバナンス・システムが有効に機能しているかどうかという点に疑問を投げかけている。

2018 年度に行われた NAO の調査[5)]によれば、様々な要因により、地方公共団体の VFM の確保に支障が生じているとのことである。このうち、組織内部のチェック・アンド・バランスの有効性については、外部監査人に対する質問調査によれば、大多数の自治体においては、適切な手続が行わ

れている結果が出たものの、問題があるとの回答も得られた。例えば、外部監査人の回答の27％は監査委員会（audit committee）が地方公共団体のガバナンスの手続について十分な保証を提供していないとし、18％は内部監査が有効でないとした。また、リスクマネジメントについては、17％がそれぞれ有効でないとした。同時にこれらの不備は特定の地方公共団体に集中する傾向があり、そのような地方公共団体はリスクプロファイルが高い傾向がみられるとしている。これらの地方公共団体のガバナンス手続は、財政難により悪影響を受ける兆候を呈しているとしている。

　所管省は、政府に期待される最小限の関与により、VFMと財政的安定性を達成するための地方公共団体の努力を重視している。地方公共団体で増大するVFMのリスクを緩和するために、省は、監視システムを改善し、この部門との関わりをより透明なものとし、ガバナンス構造においてより強いリーダシップ的役割をとる必要がある。

3 業績監査

（1）2014年地方政府監査・説明責任法

　2014年地方政府監査・説明責任法[6]は、監査人の法的な責任について図表3-3のように定めている。

　監査の範囲の3番目の項目「●被監査機関が、資源の利用において、3Eを確保するための適切な手続を措っていること」は、VFM監査（業績監査）を指し、監査委員会（Audit Commission）の時代から継承されている。

　2015年監査基準では、原則主義に基づき、VFM監査については簡潔な

5）Report "Local authority governance-Ministry of Housing, Communication & Local Government", NAO, 15 January 2019.
6）Local Audit and Accountability Act2014 CHAPTER 2.

図表3-3 地方公共団体の外部監査人の法的責任

項　　目	内　　　　　容	根拠条文
監査の範囲	● 財務諸表が適用される法令に準拠していることを充たしていること	Section 20 (1)(a)
	● 適切な実務により財務諸表が作成され、財務諸表が真実かつ適正な表示となっていること	Section 20 (1)(b)
	● 被監査機関が、資源の利用において、3E を確保するための適切な手続を措っていること	Section 20 (1)(c)
報　　告	● 財務諸表に関して意見を表明すること	Section 20 (2)(b)
	● 監査の完了を証明すること	Section 20 (2)(a)
	● 2013 年公務員年金法セクション1に基づき被監査機関が管理する年金ファンドの財務諸表に意見を述べること	Section 20 (3)
	● 住民の関心の高い事項に係る報告書を公表することを検討する	Section 24, Schedule 7 Para 1 (1)
	● 被監査機関に文書で勧告をするかどうかを検討する（写しは国務大臣に送付する）	Section 24, Schedule 7 Para 2
その他の権限・義務	● 有権者が財務諸表に関して疑問を投げかける機会を設け、呈された異論を検討し、判断すること	Section 26-27
	● 財務諸表の項目に法令違反があるとの宣言を行うことを法廷に申請する	Section 28
	● 必要と認める場合は、司法的レビューを申請するか、それを受けるように勧告する	Section 29,31, Schedule 8
	● 会計検査院長が作成し議会が承認した監査基準に準拠すること	Section 20 (5)
	● 会計検査院長が作成したガイダンスを尊重すること	Section 20 (6)

出所：2014 年地方政府監査・説明責任法をもとに作成。

規定しか置いていない。一方、NAO は詳細なガイダンスを公表し、監査人が実務を行うに当たり参照できるようにしている。

（2）VFMに係る被監査機関の責任と監査人の監査

　地方公共団体は、資源の利用に当たって、VFMを確保する手続を整備することが求められている。財務諸表ととともに公表される書類の1つとして、ガバナンス報告書に、ガバナンスのフレームワークに係る説明と、当該期間においてどのようにそのフレームワークが運用されたかを記載しなければならない。その中でVFMを確保するための手続についても説明を行う。

　監査人は、関連するガバナンス・コードやガイドラインをもとに、当該地方公共団体がどのような手続をとることが想定されているのか、まず理解することが必要とされる。

　そのうえで、被監査機関のガバナンス報告書や他の参考になる報告書、報告期間に行われた被監査機関の手続の証拠、前年の業務や財務諸表監査等から得られた証拠、検査官や他の主体が実施した業務の結果等を検討し、被監査機関の手続について不適切と判断を下す可能性のあるリスクを特定しなければならない。実務的には、別途示されるガイダンスに従い、被監査機関が報告期間内にVFMを達成したかどうかを積極的に確認するというより、監査の過程で監査人が気付いたVFMの失敗があれば、それが何を示唆しているのかを検討しなければならない。そのようにして監査人の結論を導くことから、監査の結論としては、「すべての重要な点において、被監査機関は、関連する期間において、資源の経済的、効率的かつ有効な利用を通じてVFMを確保する手続を行った（行わなかった）」ということになる。

　結論を導くための3つの下位の規準や評価規準については、NAOのガイダンスが出ている[7]。

---

[7] Auditor Guidance Note 3 (AGN 03) -Auditors' Work on Value for Money (VFM) Arrangements Version issued on：10 November 2017 （NAO）.

参考文献

【第 1 章】

大蔵省企業会計審議会「監査基準の設定に関する意見書」（中間報告）（昭和 31 年 12 月 25 日）1956 年

経済安定本部企業会計基準審議会「監査基準・監査実施準則」（昭和 25 年 7 月）1950 年

清水涼子「地方公共団体のガバナンスの一層の向上に向けて」『地方自治』（地方自治制度研究会）第 821 号、2016 年

総務省「内部統制による地方公共団体の組織マネジメント改革〜信頼される地方公共団体を目指して〜」（平成 21 年 3 月）2009 年

総務省「地方公共団体の監査制度に関する研究会報告書」（平成 25 年 3 月）2013 年

総務省「地方公共団体における内部統制制度の導入に関する報告書」（平成 26 年 4 月）2014 年

総務省自治行政局行政課「事務連絡　監査基準の策定に関する参考資料の送付について」（平成 31 年 3 月 29 日）2019 年

総務省自治行政局長『「地方公共団体における内部統制制度の導入・実施ガイドライン」の策定について（通知）』（平成 31 年 3 月 29 日）2018 年

総務省自治行政局長「監査基準について総務大臣が示す指針の策定について（通知）」（別添 1）監査基準（案）、（別添 2）実施要領、（参考 1）標準的な事務フローから想定されるリスク及び監査手続、（参考 2）各団体に共通するリスクが顕在化した事案、（参考 3）実施要領「6. 各種の監査等の有機的な連携及び調整」の例（平成 31 年 3 月 29 日）2019 年

第 31 次地方制度調査会第 22 回専門小委員会「地方公共団体における内部統制制度の導入・実施ガイドライン」（参考資料 1「監査制度関連資料」）、（平成 27 年 8 月 20 日）2015 年

第 31 次地方制度調査会「人口減少社会に的確に対応する地方行政体制及びガバナンスのあり方に関する答申」（平成 28 年 3 月 16 日）2016 年

トレッドウェイ委員会組織委員会（鳥羽至英・八田進二・高田敏文訳）『内部統制の統合的枠組み−理論編』白桃書房、1996 年

トレッドウェイ委員会支援組織委員会（八田進二・箱田順哉監訳）「エグゼクティブサマリー」『COSO 内部統制の統合的フレームワーク』日本公認会計士協会出版局、2013 年

トレッドウェイ委員会支援組織委員会（一般社団法人日本内部監査協会ほか監訳）『COSO 全社的リスクマネジメント：戦略及びパフォーマンスとの統合』同文舘出版、2018 年

中川剛『地方自治制度史』学陽書房、1990 年

日本監査研究学会地方自治体監査研究部会編『地方自治体監査』第一法規、1991 年

日本公認会計士協会「座談会『内部統制の充実と開示制度、監査制度』をめぐって」『JICPA ジャーナル』No.586、2004 年

松本秀昭『新版　逐条地方自治法（第 9 次改訂版）』学陽書房、2017 年

山下健次・小林武『自治体憲法』学陽書房、1991 年

HM Treasury, The Orange Book Management of Risk-Principles and Concepts, UK October, 2004

【第 2 章】

Bond Girl, The Incredible Story of the Jefferson County Bankruptcy: One of The Greatest Financial Ripoffs of All Time, Business Insider, Oct.23, 2011

GAO, Government Auditing Standards 2011 Revision, 2011

GAO, Standards for Internal Control in the Federal Government (Green Book), September 2014

GAO, *Criminal History Records Additional Actions Could Enhance the Completeness of Records Used for Employment-Related Background Checks*, Independently published, February 2015

GAO, Government Auditing Standards 2018 Revision, 2018

GASB, Statement No.34 "Basic Financial Statement and Management's Discussion and Analysis for State and Local Governments", Norwalk（GASB 第 34 号「州及び地方政府の基本財務諸表と MD&A」）

Hall, J.L. and M.E. Howell-Moroney, Waste in the Sewer: The Collapse of Accountability and Transparency in Public Finance in Jefferson County, ALabama, Wiley Online Library, 2009

Jefferson Ounty Commission, Audited Financial Statements, September 30, 2011, 2012

Lowensohn, S.H., T.R. Robinson and G, Sanders, GASB RHETORIC: A Content Analysis of GASB Statements", *Research in Accounting Regulation*, Vol.10, 1996

Office of Management and Budget, Federal Managers' financial Integrity Act of 1982

Office of Management and Budget, A-123 "OMB Circular A-123, Management's Responsibility for Internal Control", Executive Office of the President, December 21, 2004

Office of Management and Budget, A-123 "Management's Responsibility for Enterprise Risk Management and Internal Control", Executive Office of the President, July 15, 2016

Office of Management and Budget, A-11 "Preparation, Submission and Execution of the Budget", Executive Office of the President, July 2017

Rassias, A.A., A Sketch of the History of the Massachusetts Bureau of Accounts and Related Matters in the Growth and Development of Municipal Finance, Mass.

gov, August, 2013

Reck, J.L. and S. L. Lowensohn, *Accounting For Governmental & Nonprofit Entities*, 17th ed., McGraw Hill Education, 2015

SEC, Report on the Municipal Securities Market, July 31, 2012

SEC, Amendments to Municipal Securities Disclosure, October 30, 2018

Taylor, B., The Citizen's Advocate: History of the Washington State Auditor's Office Olympia: Washington State Department of Printing, 2007

The City of Bellingham, Washington, Comprehensive Annual Financial Report for the Fiscal Year Ended, December 31, 2015

The City of Bellingham, Washington, Financial Statements and Federal Single Audit Report for the period, January 1, 2015 through December 31, 2015

The City of Detroit, Comprehensive Annual Financial Report" for the Fiscal Year ended, June 30, 2012, 2013

US Department of Defense, Agency Financial Report for FY 2017, 2018

Washington State Auditor's Office, Performance Audit "Improving the Completeness of Washington's Criminal History Records Database", June 15, 2015

【第 3 章】

君村昌・北村裕明『現代イギリス地方自治の展開：サッチャリズムと地方自治の変容』法律文化社

清水涼子「英国自治体におけるベストバリュー業績計画監査」『JICPA ジャーナル』 No.556、2001 年、29-37 頁

CIPFA, Delivering Good Governance in Local Government: Framework (CIPFA/SOLACE) Review of annual governance statements 2016/17, 2018

Code of Audit Practice, Audit Commission, Audit Commission, March 2010

Code of Audit Practice, April 2015

National Audit Office, Auditor Guidance Note 3(AGN03), National Audit Office, 10 November 2017

National Audit Office, Local Authority Governance, 15 January 2019

索　引

【著者紹介】

清水　涼子（しみず・りょうこ）

関西大学大学院会計研究科教授（会計学）、公認会計士

1982年東京大学法学部卒。同年シティバンク、N.A.東京支店入行。1989年中央新光監査法人入所。一般企業及び公的部門の監査及びアドバイザリー業務に従事。国際会計士連盟国際公会計基準審議会日本代表委員（2004年〜2005年）。2007年4月より現職。

大阪府監査委員（2011年〜2015年）、第31次地方制度調査会委員、総務省地方公共団体の内部統制・監査に係る研究会構成員（2017年〜2019年）等を歴任。

〈主要著書〉

『強い会社のマネジメントを探る「会社の見方」』同文舘出版、2016年
『公会計の基礎知識—各国基準と国際公会計基準—』朝陽会、2008年
『地方公共団体の外部監査実務Q&A』〔共著〕税務研究会出版局、2004年
『市町村のバランスシートがわかる本』〔共著〕日本法令、2001年
ほか多数。

2019年9月30日　　初版発行　　　　　　　略称：自治体内部統制

地方自治体の監査と内部統制
—2020年改正制度の意義と米英との比較—

著　者　Ⓒ　清　水　涼　子

発行者　　中　島　治　久

発行所　**同　文　舘　出　版　株　式　会　社**

東京都千代田区神田神保町1-41　　〒101-0051
営業（03）3294-1801　　編集（03）3294-1803
振替 00100-8-42935　http://www.dobunkan.co.jp

Printed in Japan 2019　　　　　　　DTP：マーリンクレイン
印刷・製本：三美印刷

ISBN978-4-495-20991-9